『和创造世界名牌的人一起放飞梦想』

芭比娃娃的秘密档案

babiwawa de mimi dang'an

◇ 代安荣◆编著

吉林出版集团有限责任公司

图书在版编目（ＣＩＰ）数据

芭比娃娃的秘密档案/代安荣编著.--长春:吉林出版集团有限责任公司，2014.8

（和创造世界名牌的人一起放飞梦想）

ISBN 978-7-5534-4076-7

Ⅰ.①芭… Ⅱ.①代… Ⅲ.①汉德勒，R.（1916～2002）-生平事迹-青少年读物Ⅳ.①K837.125.38-49

中国版本图书馆CIP数据核字（2014）第156808号

芭比娃娃的秘密档案
BABI WAWA DE MIMI DANG'AN

编　　著：代安荣
项目负责：陈　曲
责任编辑：陈　曲
出　　版：吉林出版集团股份有限公司
发　　行：吉林出版集团社科图书有限公司
电　　话：0431-81629727
印　　刷：北京一鑫印务有限责任公司
开　　本：710mm×960mm　1/16
字　　数：100千字
印　　张：12
版　　次：2014年9月第1版
印　　次：2019年7月第2次印刷
书　　号：ISBN 978-7-5534-4076-7
定　　价：23.80元

如发现印装质量问题，影响阅读，请与出版方联系调换。0431-81629727

序 言
PREFACE

梦想与生命共存　传奇与我们同在

当你拥有这套《和创造世界名牌的人一起放飞梦想》系列丛书并真正读懂它的时候，祝贺你，你已经向成功又迈进了一大步，并可以为自己的人生勾画一张蓝图了。

开卷有益，我们不是猎奇，不是对世界名人和超级品牌的奇闻轶事简单地一声惊叹，而且通过阅读，让我们的视野变得更加开阔，让我们能够更好地认识这个世界，并找到适合自己的成功之路。

这是一套全方位满足你阅读愿望的好书，文字鲜活，引人入胜。这里有商界巨鳄的传奇创业故事，也有他们普通如你我的日常生活，当你随着一行行文字重走他们的人生之路时，你的心一定会在波澜起伏中感到一种快意。或许他们的成功不能复制，但是他们的坚忍、执着、宽容——这些成功的要素，我们可以复制。

通过阅读名人的成长故事，重温名人的创业之路，我们会发现，健全的人格、自由的意志、高远的理想、敢于实践的勇气、高瞻远瞩的见地、坚毅勇敢的性格、理性处世的原则、独立思考的习惯、幽默风趣的表达方式……一个人成功的诸多要素都以具体而形象的方式展现在你的面前。

每个人都有自己的生活轨迹，然而成功之路殊途同归，这一路上你的行囊里必须要装入梦想、希望、宽容和坚忍。

请给自己一个梦想吧！梦想是成功的种子，梦想是希望的支点。从这套书中你会发现，每一个了不起的品牌里都承载了品牌创始人那激越的梦想。是梦想，让他们充满激情，斗志昂扬；是梦想，在困境中带给他们希望，让他们有了坚持下去的勇气；是梦想，激励他们不断向前进！

为梦想不懈地努力吧！从这套书中你会明白，任何人的成功都不会一帆风顺，在鲜花和掌声的背后，有太多不为人知的痛苦。那些创业中的失败、徘徊和挫折，对我们来说更具有启迪的价值。真正的勇敢者，并不是无所畏惧，而是在面对挫折的时候，能及时调整自己，正视艰难困苦，不放弃希望。所谓成功，不过是努力的另一个名字罢了。

伟大的戏剧家莎士比亚曾说："一个最困苦、最卑贱、最为命运所屈辱的人，只要还抱有希望，便无所怨惧。"

生命只有一次，让我们在阅读中汲取无穷的力量吧！《和创造世界名牌的人一起放飞梦想》系列丛书会带你走进一个传奇世界，仔细阅读并把你的梦想付诸实践，你也许会成为下一个传奇。

带上我们的梦想启程，为我们璀璨夺目的人生而奋斗！

目 录
Content

前 言

Introduction

今天，每个小女孩都非常喜欢芭比娃娃。市场上翻版的芭比娃娃也越来越多。的确，芭比成为很多小女孩成长过程中不可缺少的伙伴。可以说，她是每个小女孩儿童年时代美好的梦想，也给她们儿时的生活增添了一份不可磨灭的靓丽的色彩。而这一切，都是一个叫露丝的人创造出来的。

永远都青春洋溢的芭比有着穿越时空的本领。不仅全世界的女孩儿都喜欢她，而且这种喜爱之情传递了一代又一代，甚至成为几代人共同的宝贵记忆。不得不说，她的创始人露丝创造了一个奇迹。而奇迹不是虚幻缥缈的海市蜃楼，更非唾手可得的幸运之物。对于创业者来说，奇迹的诞生是坚定梦想的结果。只有执着的探索、顽强的坚持，才能最终实现梦想，创造奇迹。

世界上没有一条通往成功的路是坦途。若想成功就要下定决心，努力战胜将要遇到的一切困难。当露丝把设计芭比娃娃的想法公之于众的时候，马上遭到了周围很多人的质疑和反对。就连一向最理解她的丈夫也坚决地制止道："别做梦了，

我敢肯定世界上绝不会有哪个妈妈想把这么一个有胸脯的娃娃作为礼物送给自己的女儿。"可是，露丝却力排众议，坚持着自己的想法：这个娃娃一定会赢得小女孩的喜爱，成为我的骄傲！她有如此坚定的信心，并不是盲目自信，更不是任性骄纵和固执己见，而是源自于对市场的详细调查和对女孩心理的准确把握。正是对这些资料的搜集和掌握，使她底气十足，认定了这个拥有无限潜力的市场。

于是，露丝勇敢地踏上了梦想之旅，带着自己的理想和信念，开始探索并研制芭比娃娃。从设计产品到美化部件，从取名到服装的搭配，从生产到销售，每一个环节她都亲力亲为，倾注了自己的全部心血，以至于没有时间去照顾自己年幼的孩子，只好把对孩子的思念之情化为工作的动力，以期为这世界上千千万万个孩子制作出最美好的童年礼物。

事实证明，露丝最终获得了极大的成功。芭比娃娃成为史上最经典的形象之一，成功地融入到每一个女孩儿的生活之中，给她们带去了快乐和幸福。而芭比娃娃带给露丝的，不仅是源源不断的商业利益和踏入梦想殿堂的入场券，更让露丝在世人面前有力地证明了她独到的市场预测力和卓越的管理才能。

其实，露丝的商业才华并不是与生俱来的，而是源自于她从小练就的经商基本功。她很小的时候就帮着姐姐做生意，还积极地参加社会实践，找机会锻炼自己。每当姐姐去旅游的时候，都放心地把店交给露丝看管，而露丝也是凭借着丰富的实践经验有条不紊地帮姐姐经营业务，甚至比姐姐的管理水平更胜一筹。多年以后，当露丝为了提升自己的管理能力到学校里进修企业管理的时候，她发现老师在课上讲授的知识，她在很早以前就已经付诸实践了。看来，知识的积累不仅在课堂上、在书本里，更是在生活里、在实践中。只有把知识融入实践，知识才有价值；而在实践中探索出新的知识，人生也就多了一分重量。

露丝在生活中收获的不仅是成功，她也遭受过无数的失败和挫折。她曾深受乳腺癌的折磨，却凭借坚强的意志最终战胜了自己的彷徨和困惑。在乳房被切割以后，她竟异想天开地制造出了世界上第一副人造乳房，为更多和自己一样遭受病痛折磨的女性解除忧患，让她们也能像她一样重新昂首挺胸地做人。

露丝的经历将给我们带来很多生活上的启示。她顽强的精神、开拓进取的品质、不断创新的意识……诸多的闪光之处都值得我们学习和品味，而这些亮点都蕴藏在她那跌宕起伏的人生故事里。

正因为奇迹不是凭空崛起的，所以才叫人痴迷，叫人感叹；正因为人生不是一帆风顺的，所以才让人成长，才弥足珍贵。露丝的"孩子"——漂亮的芭比几乎成了全世界每个小女孩的伙伴，并给她们带去了美好的记忆；在满足孩子们的梦想之时，露丝也创造了一个不朽的奇迹。

让我们一起走进露丝的世界，让我们一起去分享并领悟露丝那精彩的人生，让她的伟大精神和品质根植于我们每一个人的内心深处，激励我们坚定地去追逐梦想，实现梦想。

Barbie

第一章　永远的芭比娃娃

Barbie

第一节　一生为别人制造幸福的露丝

人生因我所成就的事业而变得幸福。

——索菲亚·罗兰

　　露丝·汉德勒，原名露丝·莫斯柯。她的祖籍是波兰，后来全家一起移民到了法国。她父母共生了10个子女，她是这个犹太移民家庭里最小的孩子。在露丝出生后不久，她的母亲由于生病无法亲自照料她，小露丝就一直在姐姐莎拉的精心呵护下成长着。由于莎拉不能生育，所以她非常疼爱露丝，把这个小妹妹当成了自己的亲生女儿。虽然家里不富裕，莎拉却尽可能地满足露丝的需要，给予露丝更多的爱。不管平时工作有多忙，莎拉都无微不至地照顾露丝。正是这样的爱，使露丝直到长大成人还保持着一颗可贵的童心。正是这颗童心，领她走进孩子的心灵，启发她圆了一个关于芭比的梦。

　　露丝的姐姐开了一家商店，店面不是很大。露丝从小就像店员那样在姐姐的店里呆着，有时还能帮上一些小忙。长大后她又做了多份兼职。这些生活经历使她获得了丰富的管理经验和市场观察能力，以至于她能够凭借一种内在的直觉做出很多正确的判断。从露丝的成长经历中，我们不难看出这种判断不是与生俱来的，而是长期在生活实践中磨炼、积累的结果。

和创造世界名牌的人一起放飞梦想

Let the dream fly

19岁那年，露丝离开出生地丹佛到好莱坞度假，并最终留在了那里。她中学时代的男朋友艾略特·汉德勒跟随她来到美国西部，最终两人跨越了友情、爱情，走入婚姻殿堂，于1938年结婚。由于决定得太突然，露丝没来得及回到家乡征询长辈们的意见，以至于姐姐莎拉一直觉得悔恨，担心露丝可能会因为年幼无知和一时的冲动而毁了自己一生的幸福。然而，露丝其实远比姐姐想象的成熟稳重。她是在充分的思量和考虑后才大胆地决定"私订终身"的。她的坚持不但没有断送幸福，反而给自己带来了一份甜蜜。

露丝夫妇可谓志同道合，不仅是人生的伴侣，还是事业的伙伴。怀着同样的理想，他们于1942年创办了一家公司，主要生产木制画框。后来，随着业务发展，与另一位工业设计家哈洛德·马特森合作制造画架，并利用剩余的木材和塑料片来制造娃娃屋家具，但是却从来没有想过要生产玩具。后来，随着娃娃屋家具在市场上的销路越来越好，让露丝看到了其中的商机：既然和玩具有关的产品如此畅销，那么生产玩具肯定会有更好的销路和更大的市场。他们取了艾略特中的"el"和马特森中的"matt"把公司命名为马特尔（mattel）。短短几年后，公司开始进入赢利状态，他们便着手专门制作玩具。这些早前的商业探索，为露丝日后创立美泰公司和开创芭比时代，奠定了坚实的基础。

1945年，露丝夫妇与朋友曼特森创办美泰公司，从此，最有名的生产娃娃的公司出现了。

后来，露丝看到她的女儿玩纸人玩具，于是萌发了要为孩子们设计一种塑料娃娃，并让这个娃娃走进每一个女孩的心中的想法。露丝很快就将这种想法付诸实施，但这却遭到了来自丈夫和全公司的反对，当时没有一个人支持她。露丝力排众议，坚持开辟这个自己认为发展前景广阔的行业，并开始了一系列的摸索。后来，在一次旅行中，看到一个名叫莉莉的玩具娃娃很符合自己心目中的那个玩具，于是，她以莉莉为原型，从大小、相貌、身材、服饰等各个方面重新对自己的玩具进行了全新的设计，终于在1959年，这个专门为全世界小女孩量身定做的可爱的芭比娃娃诞生了。因为当时人们都热衷于太空玩具，在第一次展销会上芭比娃娃小遇波折，但当芭比娃娃的广告投放之后，立即引起巨大轰动和抢购潮，芭比娃娃获得了极大成功。

芭比的成功为美泰公司带来了大量财富，当露丝·汉德勒50岁时，即1966年，公司已经统治了竞争激烈的玩具世界，控制了美国20亿美元玩具市场12%的份额。这对于一个公司来讲，是一个非常了不起的奇迹。至此，露丝有了属于自己的事业、家庭，还有芭比和芭比的男朋友肯，她正处于人生的巅峰。

后来，美泰公司的新主管不再把玩具生产作为公司发展的重心，开始引导公司朝多元化经营道路发展。此后，虽然玩具生产仍在继续，但已不是公司的主营业务。这一政策最终导致露丝和她的丈夫被迫远离他们当初创建的公司，最终露丝于1975年，被迫辞去了公司总裁职务，离开了自己和丈夫一手创办的公司，从此人生开始走入低谷。

露丝失去了美泰公司的管理权，同时，她也遭遇了人生最大的波折。她患上了乳腺癌并切除了乳房，一向自信的露丝也开始彷徨，并想结束自己的生命，但露丝很快就走出了人生的困惑。露丝连遭不幸，可她并没有被这些不幸击垮，相反，她从身患癌症中获得了新的灵感——为自己做了一个逼真的假乳房，取名为"真我风采"，并由此开始了她人生的第二次创业。1976年，露丝成立了一家新公司，专门生产人造乳房，而不是生产玩具。那时候，她的目标不再是为儿童服务，而是为那些生活在痛苦中的女性服务。她要生产出与真人一模一样的人造乳房，让那些深受乳腺癌折磨的女同胞在手术后依然可以像正常人一样，穿着胸罩和宽松的上衣昂首挺胸地走在路上，不再以自卑的心态出现在他人面前。

在那个时代，乳房病症仍然属于一个难以启齿的话题，当时，《名人》杂志刊发的漫画曾这样嘲笑露丝："打开她的宽松上衣展示她的胸部。"但露丝并没有被那些风言风语所阻挠，反而义无反顾地投入到这个自己热爱的事业中去，就像当初自己对芭比娃娃的热爱一样。正是因为露丝自己曾亲身经历过乳腺癌的病痛折磨，能够对患者感同身受，所以，她从心底里想帮助那些不幸的妇女，让她们重拾希望和自信心，重现女性风采。

1980年，露丝公司人造乳房的销售已经超过了100万美元，她的事业获得了进一步的成功。自从遭遇了癌症，露丝对人生有了新的认识，她把人生的追求目标从财富转移到了人们的健康上，开始积极从事各种公益事业。1991年，她毅然卖掉给自己带来重生的公司，到美国各地演讲宣传，呼吁妇女重视乳腺检查，告诫女性及早发现乳腺癌和平时拍摄乳房X光的重要性。她在回忆录中说："人造乳房重建我的自尊，我也希望我能够重建其他人的自尊。"同年，露丝由于精力不济，回到洛杉矶的家中，安享晚年。

1994年，露丝在自传中写道："只要想做，就能做到。其实在我的一生中，我整个身心无时无刻不在牵系的还是芭比娃娃。我的哲学思想都渗透在了芭比娃娃的身上：大胆、任性、勇敢，不管做什么事，这个小女孩只要想做，就能够做到。芭比娃娃代表的是：女性有自我选择的权利。很多美国女人一次又一次跟我说，芭比娃娃对她们来说不仅是儿时的玩具，而且她已成为她们整个生命的一部分。"

凭借几十年来不变的美貌和华丽的装扮，芭比娃娃在1994年被美国权威杂志《人物》评选为"最美丽的50位人士之一"。而这个娃娃之所以能青春永驻，都源于露丝当初的灵感、对理想的执着和坚持不懈的努力。可以说，作为"芭比的妈妈"，她成功地将她的"女儿"推上了世界的舞台，甚至战胜了时间的挑衅。现在，露丝创造的芭比娃娃已经历时半个世纪，成为全世界小女孩的心爱之物。随着这个大眼睛、长头发的玩具娃娃的畅销，"芭比"已经不仅是一个玩具那样简单，她成为美国女性的象征和美国文化的象征，并以一个巨大的知名品牌畅销世界。在我们感叹于芭比的成功，沉醉于她那靓丽的外形和辉煌的成就时，别忘了向她的"母亲"露丝致敬，因为是她用自己一生的努力，为全球的女性创造了一个充满梦想

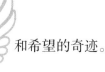

和希望的奇迹。

第二节 永远的芭比娃娃

> 人们认为自己可以成就一些事情的时候，
> 就会展现出非凡的力量。
>
> ——诺尔曼·文森特·皮尔

露丝创立了美泰玩具公司，并成为美国最成功的女性企业家之一。她一生最大的成就就是创造了"芭比娃娃"，并把这个简单的玩偶推向全世界玩具市场，使她变成了世界玩具市场上畅销最久的玩具。至今，芭比娃娃的"足迹"遍及世界150多个国家和地区。有人曾统计，芭比现在的年销售额高达48亿美元，平均每秒就可以卖出3个！这样的销售业绩，无疑创造了玩具史上的财富传奇。

芭比不仅仅成了小女孩的梦想，也是很多大女孩的寄托，很多成年人也热衷于收藏这些可爱、美丽的芭比娃娃。这种趋势在20世纪80年代迅速扩散，改变了芭比娃娃一向单一的消费群体。形成这种良好局面的原因，很大程度上在于露丝对芭比的服饰进行了全新的设计，以至于能够展现当时时装的潮流。

到了20世纪90年代，一些世界著名的设计师加入了芭比的设计队伍，给芭比的服饰产业发展带来了全新的天地。每位设计师所设计的芭比服饰，都能代表他们独特的风格，从Polo的经典骆驼皮毛外套搭配深蓝色大衣的造型，到CK的街头装扮，还有Givenchy典雅的黑礼服，带给了芭比完全不同的面貌，让芭比以一个全新的面貌出现，更加激发小女孩和成年人对芭比的热爱之情。

如今，芭比娃娃已经不仅仅是从前那个面容姣好的布娃娃，她是50多年来千百万少女梦想演变的历程。从1959年芭比面世以来，就以不可思议的影响力风靡全球；芭比娃娃历经50多年的发展，现在已遍布全球，远远超越了产品和服务的定义，成为一个不朽的文化符号。

流行大师安迪·沃霍指出，芭比娃娃是20世纪生活的代表，是美国女性的一个象征，是现代的蒙娜丽莎。芭比所引起的文化现象，得到了众多知名大学教授的高度重视和研究，他们纷纷开始研究"芭比现象"，研究这个小玩具背后所蕴藏的大人生。当芭比来到中国之后，这片孕育了五千年悠久文化的土地给芭比又增添了新的色彩和魅力。

至2013年，芭比娃娃已经在美泰玩具公司的呵护下走过了54年辉煌的道路。在过去50多年的岁月中，芭比不仅有了兄弟姐妹，拥有各种身份，而且还在各种不同的领域里演绎着自己的传说。芭比文具、芭比服饰、芭比动漫等一系列延伸产品不断出现，形成一个强大的产业链，使芭比拥有了强大的品牌力量，变得越来越丰富、越来越成功。

可以说，芭比始终站在时代的前沿，她仿佛一直都知道这个世界流行着什么，需要什么。她深深了解小女孩们的梦，并努力把她们的梦变成现实，亲身演绎着她们的每一个梦想。正因为如此，她拥有了品牌、文化与时尚等多种力量，创造了全球产品营销的多项记录，成为一个能够跨越时空、魅力永恒的经典人物。作为公认的"20世纪对美国最具重要影响力的物品之一"，她被放进"美国时光锦囊"，永久保存下来，成为美国的文化象征，成为20世纪最具价值的一大品牌。

"芭比娃娃"在取得了巨大的成就后并没有停滞不前，而是在不断地发展自己、超越自己，以新的品质和服务展现在人们面前。

1964年，"芭比"进入大学；1975年，奥林匹克运动员"芭比"首次亮相，她参加了2000年奥运会游泳比赛；1992年，"芭比"穿上军装，成为一名加入沙漠风暴行动的见习军士，同时还出现了总统候选人的"芭比"形象；1999年，"芭比"第一次独立行走；2001年，"芭比"首次成为影视明星，主演动画片《芭比与胡桃夹子的梦幻之旅》；2008年，"芭比"主演的电影《芭比与钻石城堡》于9月9日上映……她的外形历经约500次以上的修正与改良，每年约有100款芭比新装推出，从1995年至今，约有10亿件以上的衣服被生产出来。2001年，陶瓷芭比上市，设计得益于名画《舞台上》，美泰推出第一批陶瓷芭比时，30万个陶瓷芭比销售一空，这款造型曾获得2001年的"年度娃娃"大奖。

露丝说："我创造'芭比娃娃'的理想就是通过这种玩具的诞生，让所有的女孩子都意识到她们能够成为自己梦想成为的任何一种人。'芭比娃娃'代表了女性拥有同男性一样的选择权……'芭比娃娃'已不只是一种玩具，她已经成为女性消费者生活当中的一部分。我为此而感到高兴。"

现在，芭比已从一个单纯的玩具娃娃发展成为美国文化的象征，是美国政治和经济的象征，她已变成一种不朽的文化符号，是"20世纪最有影响力的美国大众文化的偶像"。对于这个问题，美国官方也认可芭比的偶像地位，甚至在美国国庆200周年的时候，芭比被评为美国人的形象代表之一。

Barbie

第二章　在生活中磨砺

Barbie

第一节　在姐姐家长大的小女孩

> 永远以积极乐观的心态去拓展自己和身外的世界。
>
> ——曾宪梓

露丝的父亲雅各布原是波兰人，他不愿意服兵役，于是，为了逃避兵役，移民到了美国，来到了大洋彼岸，像无数个到美国寻梦的移民一样，开始了自己寻梦的人生。

就在小露丝来到这个世界的时候，雅各布已经是9个孩子的父亲了。他的职业是铁匠，处于社会的底层，但这样的身份没有让雅各布难堪，相反，靠着那点微薄的收入维持生活，养成了他豁达、乐观、坚忍的品质。父亲的不辞辛劳，母亲为生活操劳的身影，给这个大家庭带来的是奋进和拼搏的积极气息。父母对孩子们说话从来都是和声细语的。

雅各布到了美国后，就跟随当时西进运动的步伐直奔大西部。当时，西部对很多寻梦者来讲具有很大的诱惑力。雅各布落脚在丹佛市，开始了自己的美国梦。

雅各布是个出色的男人。说他出色，并非因为他长得帅气，风度翩翩，而是因为他骨子里有吃苦耐劳、积极上进的那股子劲头。他最初到丹佛的两年时间里，先后钉过马掌、造过马车和货车车厢，凡是能赚钱的活儿，他都乐意做。终于，他攒了足够的钱，把妻儿都接过来一起居住。当时，正是20世纪初，许多东欧移民纷纷涌向美国，在这次浩荡的移民潮中，雅各布的妻子艾达和孩子们坐着最廉价的舱位，来到了美国与他团聚。后来，在丹佛市繁荣起来的犹太社区，人们都叫他"雅各布·莫什科"。

雅各布后来成为科恩家族的供应商，这对雅各布的事业来说是至关重要的一步。因为当时科恩家族正处于崛起之势——供应火车车厢的业务越来越火，使其名下的丹佛芝加哥货运公司业务也不断壮大。这家公司后来成了全美最大的搬运公司之一。雅各布为人厚道，对人谦和，顾客们很愿意和这位没有架子的老板打交道。时间不长，雅各布有了一定经济实力，趁热打铁，开了自己的店铺，一家人也搬到了吉尔本大街21号……又经过一番打拼，雅各布终于在丹佛市成立了自己的公司。

1916年夏天，雅各布的女儿莎拉与路易斯·格林沃尔德结婚，婚礼在丹佛市马尔博大厅举行。当时，妻子艾达正是有孕在身，就在莎拉结婚当天，大家都沉浸在婚礼的喜庆中，没想到艾达突然一阵腹部绞痛，生下了自己的第10个孩子，并取名为露丝·汉德勒，那一年，露丝的妈妈艾达刚好40岁。

露丝母亲艾达生下露丝6个月后就得了大病，去医院做胆囊切除手术。住院期间，6个月大的露丝不便和母亲呆在一起，大姐莎拉为了替妈妈分担，便将露丝抱到自己的新家抚养。当时，新婚不久的莎拉年仅20岁，尽管自己没有孩子，但还是代替母亲履行照顾小妹妹的职责。

母亲艾达出院回家后，由于身体需要调养，露丝还是继续留在莎拉的身边，从最开始的几个星期，接着是几个月，然后是一年、两年，就这样，露丝就一直在姐姐家里生活，由大姐抚养长大。

雅各布·莫什科这边的生活经常处于拮据的境地，而莎拉和路易斯手头更宽裕些，生活也舒适多了，艾达认为小女儿与她的姐姐莎拉、姐夫路易斯·格林沃尔德在一起生活无疑会更好，因此，从未想过要接露丝回去。露丝当时尚在襁褓中，居所的变化完全改写了她的生命轨迹，姐姐家的生活环境为她日后的人生发展奠定了重要的商业"基因"。

露丝自己一直很清楚地知道自己的父母亲是谁，但善良的天性，让她竭力否认自己有被母亲抛弃的感觉。

艾略特说："莎拉和路易斯就是她的母亲和父亲，露丝是他们抚养成人的。"对莎拉和路易斯，露丝亲昵地叫他们的名字，却管艾达和雅各布叫"妈""爸"，她仅把他们看作"宠溺"她的祖父母，即便是因为某些原因要回去看一看，彼此之间交流也不多。

露丝的大姐莎拉家离她的父母家近2公里，但露丝很少在父母家玩耍，上学也不与哥姐同校，只有每个星期五的晚上，或适逢节假日，露丝才会和大姐莎拉、姐夫路易斯一道去爸爸、妈妈家吃饭，就像走亲戚似的。

艾达和雅各布习惯讲的是意第绪语，尽管他们也说英语，可是口音很重，露丝几乎听不懂他们在说什么。另外9个孩子与艾达夫妇居住在一起，自然会讲不少意第绪语，都能很好地与父母交流，可露丝却是在讲英语的家庭环境中长大的，对意第绪语一窍不通，无论怎么表达，也不能正常地和父母进行沟通。

露丝的哥哥亚伦曾说："莎拉也曾想过将小妹交还给母亲抚养，但后来她越来越发现自己离不开露丝，于是不再想把她送回去了。"不久，莎拉又得知自己将一生无法生育，这让她更疼爱自己的小妹妹，更不想把露丝送回到母亲身边。

露丝曾在自传《爱做梦的娃娃》中说："莎拉有着自己的事业，在我看来，她因为有工作做，而活得更带劲儿。所以，我从小就认为，一个女性，包括一位母亲，她出来工作，没什么奇怪的，那是再自然不过的事情了。"其实，这就等于间接承认莎拉是自己的母亲。

第二节　在工作中快乐成长

> 一个有真正大才能的人会在工作过程中感到最高度的快乐。
>
> ——歌德

露丝的姐夫格林沃尔德家住在丹佛市加菲尔德街855号，格林沃尔德家的房子只有一层，前面是个斜坡，上面有块小小的草坪。与莫什科那一大家子相比，格林沃尔德一家3口人的生活更摩登，经济上也更富足。

姐姐和姐夫待露丝极好，用亚伦的话说，他们把露丝宠得"犹如女王"。因此，童年的露丝可以说是衣食无忧，舒适自在，条件远胜其他兄弟姐妹。尽管如此，她却没有养成娇宠跋扈的性格，相反，养成了一种独立的性格，什么事情都要自己亲自去做。

露丝也说，自己什么都不缺，但是，"他们从不让我觉得自己可以不劳而获"。露丝从来就觉得："依仗别人的慷慨就是占了大便宜，这种念头绝不能有！"孩提时代的露丝，小小年纪就在找机会工作，整天忙忙碌碌的，好像欠着某人巨款似的。

露丝的个性中有着强烈的尊严感和价值感。"我一生最讨厌依赖他人。我想，我一生都在强烈地渴望着证明自己的价值。"这是她真实的心声，也是她一生在践行的行为准则。露丝不断地努力、不断地奋斗，一直在用自己的行动证明着这句话的深刻含义，在潜意识中，也隐约在向放弃抚养她的双亲证明着什么。

露丝8岁这一年，现实给她上了一堂与其命运息息相关的商业启蒙课。露丝的大姐在镇上大卖场的角落里开了个小小的快餐铺子，靠手脚勤快赚点小钱，维持一家人的生计。莎拉和丈夫从此走上了经商的道路。在露丝的眼里，大姐就像是一个金光闪闪的大英雄，事事都要学着大姐的模样来做。后来，路易斯和莎拉还开了一家药店，算得上是丹佛市的第一拨药店，坐落在市中心的繁华地带，与丹佛市总医院隔街相望。

和创造世界名牌的人

一起放飞梦想

　　莎拉夫妻俩在做生意上都很有天赋。他们成天奔走在家和店铺之间，忙着照看生意。这一切，小露丝都看得一清二楚。露丝从小就跟随莎拉长大，觉得莎拉非常能干，什么事情都能做，为此，她非常仰慕莎拉，希望能离她更近一点。但是，露丝却非常讨厌路易斯，认为路易斯对莎拉不够好。原来，路易斯虽然聪明，却是一个喜欢赌博的人，是扑克牌桌上的常客，随着生意渐渐好起来，他常常把所有的工作都扔给莎拉，自己偷偷地跑出去赌博。不过，莎拉对此态度很强硬，一直坚持阻止路易斯去赌博，才不至于她们"母女"每日为生计发愁。

　　露丝当时在上学。她的学校离姐姐的店铺很近，只要有空，她就会溜到店里面去，玩玩这，玩玩那，看着大姐在店里忙得热火朝天，她懂得姐姐做的这份工作既辛苦，也充满了乐趣。露丝十分向往自己也能像莎拉那样做这些有意思的事情。

　　露丝8岁就开始给姐姐当帮手，到十四五岁的时候她就能独当一面。要是大姐身体不适不能来店里张罗，她一个人照样能把铺子打理得像模像样。瞧这露丝，她从小就是这么能干和要强的。在这个年龄段，只要露丝在店里，她就会帮助莎拉做各种事情。工作，让她可以离莎拉更近；工作，让她觉得自己在偿还他们的恩情，虽然谁也没要求她这么做。由于和姐姐朝夕相处，露丝不管做什么，总是强烈地希望获得莎拉的认可。

　　露丝曾说："我那时最爱去店里，帮着打理生意，我负责盯着收银机。店里有个小小的苏打喷泉，我也因此成了'苏打怪人'。"那时的露丝就喜欢工作，而不愿与其他孩子一起玩耍；她也有自己的朋友，但都不是很亲密的那种。

对露丝而言，熙熙攘攘的大卖场，充斥着崭新的刺激，更蕴藏着不期而至的机遇，让她可以担负起更多的责任。她期望着自己快快长大！

许多人都有那种一辈子的朋友，但在露丝的记忆中，自己从来没拥有过这种绵延一生的深厚友谊。别的孩子感兴趣的东西，她总是觉得无聊。在她看来，身边的许多女孩都是"娇滴滴的"，而且她们聊的话题都很蠢。露丝觉得，自己更像男孩子的性格，更喜欢玩男孩子的游戏。"男生喜欢我，我也喜欢男生。"露丝是这样说的。别的女生说悄悄话时，也总是背着她；偶尔拉她加入，她还觉得尴尬不已。

露丝中学毕业后，考入丹佛大学，上大学期间她还继续在莎拉和路易斯的店里工作着，帮姐姐莎拉打理店里的各种生意。

1935年，总统富兰克林·罗斯福签署了国家青年管理法令，允诺由国家出钱来让年轻人就业，这对于很多年轻人来说无疑是一个很好的机会。不久，露丝就在校长办公室找了份速记员的工作，继续在大学期间打工。

这段时间，露丝高中时期的男友艾略特在市立艺术学校读书，同时也继续在舒克特照明设备公司打工。艾略特非常清楚，他就读的这所学校名不见经传，远比不上芝加哥艺术学院或是洛杉矶的艺术中心设计院。但他梦想着有朝一日自己能攒够钱，进入那些著名的艺术院校读书。于是，他努力地打工赚钱，以实现自己的那个愿望。

大学二年级的那个夏天，露丝在西区的一次派对上偶然遇

见了珍妮·科恩。珍妮是露丝的旧识，以前关系一般，没有多少深交。那天，珍妮告诉露丝下星期要去洛杉矶度假，露丝一听，一下子兴奋起来，她也要去，去那里感受新的生活。

当时，露丝和艾略特在闹分手，露丝正愁找不到地方消遣。于是，露丝告诉珍妮，自己想和她结伴而行。珍妮同意了露丝的提议，并建议露丝和她一起到她亲戚家去住。莎拉当然是举双手赞成这个计划，她本身就反对露丝和艾略特来往，这一去正好让他们的感情冷下来。珍妮还跟她姐姐多丽丝说："这一次，没准露丝就能认识个医生或是律师什么的，把那个艾略特忘得一干二净，也说不定呢。"

多丽丝20多岁时曾在洛杉矶生活过一段时间，她把当初同住一套公寓的室友艾弗琳·李的名字告诉了露丝："她长得胖乎乎的，你会喜欢她的，她在派拉蒙电影公司上班。"

对露丝而言，寂远的山间小市丹佛，仿佛一下子离她有十万八千里远。异乡情调的洛杉矶，有着丹佛市所没有的快节奏与喧嚣，这一切都让露丝兴奋不已。一到那儿，她就迫不及待地联系上了艾弗琳·李，还与她在派拉蒙公司的餐厅共进午餐。

露丝大开眼界。庞大的影星阵容，气派的演出场面，令米高梅公司在露丝的眼中就像一座神圣的天堂，仅其中的派拉蒙公司就已经让露丝羡慕不已了。喜剧演员W.C.菲尔斯走来了，这是真的吗？露丝好像进入了童话世界，目睹这个"大圆鼻子"从身边走过，她半张着嘴，好像傻了一样，呆立在了那儿，思绪仿佛飞到了天际……艾弗琳告诉露丝，这里是世界上最浪漫的天堂。在这里,有我们梦寐以求的著名影星;在这里,与这些灿烂夺目的明星并肩走在一起,那简直是太简单的事情了。

露丝不是一般的追星族,她想天天和这些明星们在一起,一心想着要在这里工作。于是,露丝问艾弗琳:"怎样才能在派拉蒙找份工作?"对此,艾弗琳嗤之以鼻:"谁都想在好莱坞工作,除非你认识那个圈子里的顶级人物,否则根本不可能。这里的工作机会太宝贵了,没有哪个制作室会要你的。"

艾弗琳的不屑,激发了露丝的激情,别人越说她不行,她还偏要试一试。刚到洛杉矶时,露丝从来没有想过要进电影行业,可现在,她改变了自己的看法,她要到电影行业去试试,看看能不能找到适合自己的工作。于是,她坚持要艾弗琳带她到人事部门去应聘,她想知道在这里求职到底有多难。

让人没有想到的是露丝面试后,居然获得了成功,在那里找到了一份速记员的工作,每周25美元,外加丰厚的加班费,这是她在当时赚到过最多的钱。露丝说:"我记不清那次应聘的详细过程了,可我记得当走出人事办公室时,我成功地得到了一份工作。"敢想敢干成就了露丝,这也是日后露丝事业发展过程中最重要的品质。

莎拉听到露丝在好莱坞找到工作的消息,兴奋得不得了,甚至比露丝本人还高兴。因为,在莎拉看来,露丝考上大学或进法学院深造,都比不上她找到一个理想的丈夫来得重要。如果露丝还留在丹佛,也许她和艾略特的感情会有结果,

但莎拉坚信这么远的距离足以斩断露丝对艾略特的迷恋。

可是，她小看了艾略特这个性情温润、羞怯的年轻人。他对露丝还是念念不忘，一直没有放弃。他曾试着在丹佛找画图设计的工作，但没能成功，之后就一直做着照明设备方面的设计，为了能考进他理想中的艺术院校，他努力工作，努力地攒学费。艾略特回忆说："没有了她，我的生活寂寥抑郁，没有任何乐趣可言。芝加哥有艺术学院，可我告诉自己：'加州的天气更好'，于是我动身去了洛杉矶。"

第三节　小露丝的第一份"工作"

乐观主义者从每一个灾难中看到机遇，
而悲观主义者从每一个机遇中看到灾难。

——英国谚语

1929年的纽约是灰暗的。股市崩盘就像是一个号角，全美的经济陷入持续衰退的进程中，而人们总是对未来充满希望，大家在重拾信心。一项政府的新政令出台，为莎拉和路易斯的生意带来了千载难逢的机遇——"废除前任总统胡佛推行的禁酒令，让买酒、卖酒合法化。"富兰克林·德拉诺·罗斯福当选为美国总统，他上台后的第一个举措激活了一个大产业的内在潜质。

好运气来了。精明的路易斯怎能错过这个好机会？他先走出第一步——推销一家大型酒厂的酒。为此，他开了家酒水专卖店。为了招揽生意，他将一箱箱酒，摆在卖场的橱窗前，高高的酒瓶连着酒箱，越堆越高，吸引街上路人的视线。路易斯的酒水迅速换来大把大把的钞票，销售额连年创新高，从而赢得了厂家的重奖——免费去欧洲旅游。而在那一边，莎拉也没闲着，她经营的格林沃尔德苏打喷泉餐吧，也成了人声鼎沸的地方。在大卖场里，餐吧也是人们向往的地方——它是最理想的小憩场所，可以让人们坐下来好好享受美味，可以歇歇脚，可以看人来人往……那几年，夫妻两人的事业可谓是顺风顺水。但免费去欧洲旅游还是很有吸引力的，路易斯让莎拉和他一起去。

莎拉真想回去看看啊，那里是自己的故乡，凝聚着年少时的喜怒哀乐，她怎么能忘怀呢？离别故土这么多年，故乡的山水还依旧吗？波兰老家的亲人们都好吗？门前那一片片翠绿的草坪还在吗？带着浓浓的思乡之情，莎拉和路易斯在1934年的夏天踏上了去欧洲的旅途，家里的餐吧由此换了"新主人"，小露丝肩负着姐姐的信任，接手管理自家的店铺，她用自己的管理才能和创新能力开拓出一片新天地。

露丝看着穿梭如织的人群，时常陷入深思，这是她第一次去形象而具体地勾画自己的未来：喧嚣的大卖场，各个角落仿佛都蕴含着建设、创造、更新的气息，对她自己而言，这都是上天赐给的机遇。她想：我为什么还不长大呢？她觉得工作可以让自己的生命更富有活力。"长大，重塑自我"，现在手中的这些工作已经无法满足这个小女子创业的渴望，她期待到更宽广的市场空间去畅游，去释放她隐藏在灵魂深处的创造力。

走前将生意交给露丝，虽然对莎拉来说是一句话的事，但对于渴望舞台的小露丝而言，这无疑是一个接近自己梦想的重要阶梯。露丝"摇身一变"成了店里的最高管理者，露丝忙得不亦乐乎：对账、去银行、订购食材、采办货物、分配每天的工作……那段日子里，每一件工作，露丝都要亲自去安排，亲自到现场指导。这种锤炼，充分显现了露丝的管理天赋，虽然，忙得两脚不点地儿，但却从容不迫，有条不紊，客人常常惊讶地发现，这个小姑娘就像驰骋在战场的将军一样，指挥作战，镇定自若，那种老练和成熟，让人过眼难忘。这是露丝的"第一次"。她热爱这种因为劳动而收获到的内心充实的感觉，领到薪水，露丝的泪水溢满眼眶，此刻，她感受到了作为女性的尊严和价值。

小露丝看似弱不禁风，但骨子里却蕴含着巨大的创业冲动。当时正赶上她哥哥乔读完了法学院，刚毕业的乔开了家律师事务所，因为经济能力的局限，雇不起秘书。露丝就主动请缨，她初中时学会的打字与速记的本领终于派上了用场，帮了哥哥一个大忙。于是小露丝成了大忙人，她要抽出时间去哥哥的律师所帮忙，周六还要到餐吧去处理那里的事务。夏天，她又因为一次偶然的机会来到弗兰克尔煤炭公司工作。那段日子，她四处奔走，忙前忙后。忙，不但没有忙乱露丝的心智，相反，这些忙碌的考验使露丝的管理、思考、组织能力以及对市场的预测力和判断力充分显露，这些锤炼，激发了露丝去征服更富有挑战意味的、一无所知的未来。

第四节　露丝的爱情

> 在你的心中，有你的命运之星。
>
> ——席勒

露丝对爱情的选择充满她的性格色彩。中学毕业后，走进了丹佛大学的露丝，虽然不和男友艾略特同在一个学校，可两人的关系却越发紧密，不久便双双坠入爱河，他们开始约会，吃饭，游玩，彼此都成了对方不可或缺的一部分。露丝对艾略特而言，就像眼睛一样重要。可是，好事多磨，露丝的大姐知道后坚决反对，她是过来人，理解相爱人的难舍难分，但这么多年现实的打磨更让莎拉领悟了一个道理：多美好的爱情也不能当饭吃，她不能眼看着自己的小妹妹走进贫穷的无底深渊，也许露丝今天会埋怨自己的姐姐，但总有一天她会理解的——和一个穷艺术家厮混一辈子，这是一件多么可怕的事情！

大姐是露丝最敬重的人。姐姐的话怎么能不听呢？同时她也知道，大姐作为一个现实主义者，她的话也有道理。现实就是现实，输不起，赌不起，在人生的关键路口不能由着自己性子来的。露丝咬咬牙，想和艾略特做个了断，可这个念头一出现，艾略特那张无辜的脸庞就浮现在她的眼前，挥之不去，刺痛她心……她于是独自去了洛杉矶，暂别这个生活环境也许会更好些。

　　带着感情的困惑与无奈，露丝来到了洛杉矶。洛杉矶这个充满活力的城市，让她心潮澎湃。在那里安顿下来后，兴奋的露丝逐渐发现自己与理想之间隔着一道厚厚的墙，那就是现实的冰冷与残酷。谁都想在好莱坞里混口饭吃，谁都想天天能见到大明星们，谁都想每时每刻见到熠熠生辉的大舞台……可露丝一无所有，就连走进星工场的理由都显得那么卑微。怎么办？是放弃，还是坚持？露丝是个要强的女孩，父辈骨子里的那份倔强与执拗，此时显现了效应：她想要做的事谁也拦不住，她要在这个大世界中找到自己的位置。功夫不负有心人，露丝终于找到个机会走进好莱坞影棚，出来时，露丝已经成为里面一位文秘人员！露丝有工作了！

　　心有灵犀一点通。这边，露丝在好莱坞刚刚站稳脚跟；那边，艾略特已经收拾好行装准备启程——爱情的力量，让他们注定在洛杉矶再续前缘。短暂的分别，让这对少男少女更加珍惜彼此之间的感情，在两个人的眼中这注定是一段不可替代的情感。那个夜晚，当艾略特接过露丝用辛苦赚来的钱，为他买的漂亮的手表时，艾略特幸福极了。然而，更大的幸福还在后面，在礼盒的里面有一张纸条，上面娟秀地写着几个字："我真希望你能娶我！"这一句话，一下子击中了艾略特的心口。他的心跳个不停，他觉得眼前这个魔女一般的小精灵才是他人生的骄傲，独一无二，不可代替。一切都是水到渠成，两人穿着借来的婚礼服装，完成了婚礼。大姐莎拉听到这件事，也非常无奈，有什么办法呢？小妹长大了，她有选择幸福的权利，自己作为姐姐，已经做到仁至义尽了，无论未来等待小妹的是什么，小妹都要学会接受，让残酷的现实去教育她吧。

露丝用自己的坚持和勇敢，与艾略特走到一起，这是一次无怨无悔的选择。随后，露丝就开始了她人生中新的超越。婚后的甜蜜没有让"野心勃勃"的露丝丧失斗志，甘做家庭主妇、小女人，她决定继续在好莱坞打工，用自己的勤劳与付出，做艾略特事业的基石。而艾略特也特别能吃苦，一边赚钱养家，一边在艺术道路上越走越远。

第五节　带来新起点的公寓

未来属于相信自己拥有美丽梦想的人。

——洛克菲勒

犹太人的凝聚力很强，在丹佛市的犹太人尤其如此。露丝虽然能感受到反犹太暗潮的存在，但毕竟没有亲身经历过。但当那天偶遇的警察，用那种冰冷的语调盘问她哥哥时，她吓傻了，她分明从中感受到一股子杀气，那杀气是从地层中升腾而起的，让你无处藏身，让你彻底绝望。在开车前往洛杉矶途中，露丝看着眼前一片褐色的干涸景象，仿佛在缓缓诉说着一个民族悲怆的未来……

1930年，露丝刚14岁，舆论铺天盖地地指责犹太人毁了整个银行业，经济大衰退也都是他们造成的。当时尽管就业的机会不多，依然到处充斥着针对犹太人的各种限制条款，仿佛是对一个悲剧民族的一道道恐怖"追杀令"。这道印记，犹如伤疤深深刻在露丝的心灵深处。

艾略特的绰号让她想起了那次可怕的经历。她对艾略特说，直接叫艾略特·露丝算了。许多年后，艾略特回忆道："她觉得那个名字太犹太化了，她喜欢我的中间名，而我也不喜欢'伊兹'这个叫法。"好在他们是第一代移民的后代，对自己的国家不像他们的父辈那样熟稔。这给了他们尽快遗忘的巨大可能性。随着时间一点点地流逝，他们不知不觉日益趋向大都市、大世界的审美追求与价值观。如今，在他们的生命旅程中，没有时间去慨叹过去与历史，美国梦，是呼唤他们前行的唯一动力，他们要用双手打造出属于自己的实实在在的世界。

回到洛杉矶，这对年轻的夫妇开始了新的打拼。在梅尔罗斯大街的一家酒店，他们暂时住下来。派拉蒙电影公司重新接纳了露丝，依旧做速记员。在欧文照明设备公司，艾略特也重新回到曾经战斗过的地方，同时向艺术的更深领域进军，在艺术中心设计学院深造。

日子如流水，平淡中孕育着奇迹。依旧在梅尔罗斯大街，一个惊喜发生了——他们找到了一间小居室！尽管这里有很多不如意，很闷热，蟑螂到处爬，但毕竟是属于他们自己的小窝。几个月过去了，露丝发现了一栋新建的房子，虽然价格有点儿高，与原来相比，每月需支付不菲的租金，但可以拥有自己的车库，不能考虑那么多了，敢闯敢干的露丝当场拍板，定下了那套公寓。

克林顿大街5142号，看着即将属于自己的公寓门外那金光闪闪的门牌号，露丝和艾略特激动万分。这套公寓那么宽敞，那么明亮，那建筑风格中洋溢出来的贵族气质正是露丝梦寐以求的。很多年后，当露丝谈及这件事时，她的眼神依旧光芒闪耀。入住那套新公寓，在他们的创业生涯中是一次标志性的、里程碑式的行动。露丝说，在某种程度她相信"人各有命"，有很多次，她随性做出的选择，最后都成功了。两位怀揣梦想的甜蜜的人儿搬进了新公寓，艾略特的事业也有了新起色，艺术中心将难得的机会让给艾略特，让他从事工业设计。

说干就干，从不犹豫，单刀直入，简洁明快，露丝做事情的特点也成就了她未来的事业。其实判断一个人在未来能否成功，在他们年少时的选择与做事情的风格中就可以看出端倪。露丝面对选择能够不错失机遇，很快作决定，并付诸行动，这需要迅速的决断力，这也是一个人能够做大事业的先决条件。露丝的优点是：即便犯了错，她也能快速察觉、改正，然后继续前行。这样的特点使她登上了成功的巅峰；这样的特点，也注定在交错的时空中变成致命的缺点，成为毁灭她的最有力的一击。

Barbie

第三章　初涉商海

Barbie

第一节 初次尝试

女人们，了解自身的价值吧，了解自己就是彰显自己的捷径。

——普拉达

1936年的某一天，艾略特激动地告诉露丝他的一个新想法，制造胸针、挂件、耳坠、烟灰缸之类的小饰品，这些小饰品应该会得到很多年轻人的喜欢。露丝也觉得这个想法不错，很有创意，应该很畅销。于是，两人准备大干一场。

当时，新型材料不断涌现，工业产品设计也蕴藏着无限机遇。社会上恰好出现一种刚刚发明出来的新材料有机玻璃。有机玻璃不仅可透视，且能打磨抛光，亮度极高，用这个材料来做工艺品更能展现其晶莹剔透的特点。

有机玻璃的出现给了艾略特丰富的设计灵感，让他的创作灵感源源不断。他常常环顾周围的居室和房间，就像着了魔一样，天马行空地构想着设计方案，想象着从桌椅、门窗，到茶杯、托盘这类小物件，摇身一变，用这种有机玻璃做出来该是多么美妙的效果。然后，他会按捺不住自己的心情，情不自禁地在稿纸上勾画出这些东西的雏形，然后拿给露丝欣赏。

当露丝看见他这些设计时，心里怦然一动，自己都一下子就喜欢上了这些小物件，何况那些正处在青春期的少女们？于是，她鼓励艾略特，你一定行的，按照你的想法去努力，去行动，去实践，我相信一定会成功的，并且销路也会非常好。艾略特也希望能把这些设计变成现实的产品，关键的问题是他没有生产设备。

当时，艾略特所在的学校有他所需要的生产设备，但设备有限，需要使用的同学却很多，大家都在排队等着用，艾略特根本没时间利用学校的设备把自己的设计作品变成现实的产品。露丝却不管那些问题，她说："只要有伟大的设计，就能变成产品。设备不是什么大问题，学校的设备使用也不方便，如果要创业，迟早都要购置设备，我们自己掏钱买设备不就解决问题了吗？"

露丝是一个敢想敢干的人。为了自己所爱的人能实现心愿，也为了能施展自己的才能，她当机立断，开始购置设备。露丝掏出自己所有的积蓄，以分期付款的方式，从西尔斯购得一台价值200美元的烧制窑炉，然后就在他们那半间车库里开起了夫妻店。

设备问题解决了，艾略特立即开始着手按照图纸制作样品。艾略特先把有机玻璃板材打磨、切割好造型，当膜面达到理想的光滑度时，就拿到厨房炉子上烘烤加热，再快速取出，冲到外面的车库去制模。最后，终于制出了样品。

就这样，露丝负责购置设备和原料，艾略特则负责造出第一批产品，然后由露丝售卖。艾略特十分有内秀，不善言谈，但创造力极强，而露丝则具有非常强的执行力，并且头脑灵活，有着非同一般的经商天才。这对夫妻真是天作之合，这注定了他们的事业会越做越大。

但是，车库里，钻床、打磨器、电锯轰隆隆地响，刨花、锯屑、塑膜碎角撒落满地，到处都乱糟糟的。与他们共用车库的房客很生气，向房东投诉他们。房东向露丝和艾略特发出了最后通牒：要么把店搬走，要么走人。

这可难住了这对小夫妻，当初他们只想到如何把设计变成产品，根本就没有考虑到环保问题，没有顾及自己的行为对他人的影响。现在，买设备的钱还没付清，设备又快没地方搁了。怎么办，停止生产吗？换地方吗？资金不允许。那时，露丝夫妇都是还不到20岁的小青年，根本没有任何积蓄，所有的财产除了一小笔存款和一辆小汽车，剩下的就是青年人的乐观天性，以及对理想的追求。

为了渡过难关，艾略特提出要退学，自己去找工作赚钱；露丝想得更绝，她的宏伟计划是要艾略特辞掉工作，去领政府失业救济，然后继续安心他的设计，而她则负责找家新店，装好新烤炉，然后把他设计制造的东西全卖出去。此时的露丝，对这些产品充满了信心，对自己的创业也充满了自信，她更对艾略特的天才设计和自己的销售能力充满了绝对的信心。

每一个人的成长历程，都深深地打上了儿时的痕迹。对露丝而言，她的每一次选择、每一个行动，甚至每一个念头，都不可避免地和一个影响她一生的人息息相关，那个人就是莎拉。"莎拉是我人生的楷模，家里的事都由她操持，她负责修

理家具，负责理财，凡事都由她做主。婚姻生活中，女人唱主角，打理生意，我觉得理所当然。"在一次采访中，露丝如此动情地说。同时，她的犹太背景在她的创业旅程中也起到了至关重要的作用。露丝一家，作为美国的波兰裔犹太人，受尽苦头，他们吃得不好，住得很差，所有人都要想办法生存下去，根本没有男女之别。因此，在露丝和艾略特的观念中，对"女子做工管事"这件事十分认同。

第二节　初展销售才华

> "NO"调过来说就是"ON"，所有的问题都有解决它的钥匙，要不断思考直到找到它。
>
> ——诺尔曼·文森特·皮尔

　　露丝曾在小店里历练过，也做过办公室助理，有着丰富的管理经验，做起管理工作来驾轻就熟。不过，尽管露丝胆子很大，但她还是暂时保住她在派拉蒙电影公司速记员一职，并没有一时冲动辞去工作。

　　终于，露丝和艾略特在位于诺曼底大道附近的奥林匹亚林荫道旁的4000号街区找到一个洗衣店，约18平方米大，以前是个中国人开的洗衣店，现在他们以半年50美元的价格租了下来，作为艾略特的加工坊。他们把夫妻俩的名字合起来，就成了一个名副其实的夫妻店——"艾略特·露丝塑料制品店"。

做完这些，他们已身无分文，以至于连生活费都没有，常常没有钱吃饭。艾略特的朋友西摩·格林还记得搬家那天上午，他赶到夫妻俩的店里，给他们送去了8美元，这样才让他们挨过了那一天。他还帮着艾略特粉刷了房子，用水冲洗上面的蓝色涂料，最后总算让那墙显出了点儿白色来。

店铺终于定下来，可以进行正常生产了，于是，露丝夫妇也变得忙碌起来，马不停蹄地投入到全新的生活中。休息的时间，露丝都在思量着给哪些商场、店铺打电话推销艾略特设计的作品。摆在他们面前的，是一项前所未有的挑战，艾略特想都没想过要去做的事儿，露丝正摩拳擦掌，跃跃欲试。露丝虽然从来没有做过销售工作，但露丝在营销方面的天赋，绝不逊色于艾略特的设计才华，满脑子都是销售点子。

露丝说："我很快就意识到，我一定要做销售。我丈夫是位才华横溢的艺术家、创造家，但生性寡言内向，而我的性格正好相反。如果自己不做销售，这些产品无疑将变得一文不值，甚至只有转卖给别人，让别人赚钱去。"夫妻俩的性格迥异，这一点恰好可以弥补相互之间的缺点，联合后就变成一个完美的结合体，因此，他们之间的关系有着更为独特的内涵：当时的社会要求女性温顺贤良，在家相夫教子，可艾略特却愿意给予露丝绝对的自由，放手让她去实现她企业家的梦想。

艾略特曾回忆说："我们说干就干，我辞了职，而她继续上班。不错，她是喜欢派拉蒙，但电影明星不再是她谈论的话题了，她已不满足于做个秘书了。"生活一如既往地进行着，夫妇的生活却在发生着翻天覆地的变化，他们正走在通向未来商业帝国的道路上。

数月后，心灵手巧的艾略特制作出了第一批样品；露丝充分发挥自己的销售才能，把这些样品装进手提箱，到一家家的礼品店去推销，希望有人能识货并下订单销售他们的产品。

理想和现实总有一些差距，创业哪有这么容易？日子一天天随着露丝不断地吃闭门羹而逝去，过了好长时间，产品一件也没有销售出去。幸好，露丝有着天生的创业者气质，勇于冒险，敢于拼搏，还是坚持不懈地一个店一个店不停地去推销，希望找到能销售自己产品的店主。

后来，露丝盯上了比弗利山的威西尔大街上的扎克精品店，那里的装潢富丽奢华，购物环境静逸宜人，专卖丹麦产的摩登时尚礼品。她找了个破旧的箱子，把艾略特那些用木材和有机玻璃做的小玩意儿，如书档、托盘、香烟盒、烛台、小梳妆镜，一股脑儿装了进去，选了个午餐时间，她抽空去了趟扎克精品店。

那天，露丝把浓密的齐肩褐发高高盘起，打扮得干净利落，显露出苗条匀称的身材。站在扎克精品店门口，露丝心里紧张得要命。她强迫自己挤出一个灿烂的笑脸，然后走过去，和店里的女售货员搭上了话。那女人神情傲慢，坚持先查看了露丝带来的那些东西，然后才进去把店主扎克先生叫了出来。

露丝给扎克介绍自己的产品，并拿出精心准备的样品给他看。扎克看到这些样品，就立即喜欢上了这些小物件，很快，他就操着丹麦口音很重的英语告诉露丝说想见见艾略特，参观一下他们的工作室。这下，露丝慌了神，她不敢想象，这位老先生见到他们那间破洗衣房改造成的店铺会是什么反应，要是让他看到那破旧寒碜的地方，一切就全完蛋了。

扎克注意到了露丝的反应，知道她在顾忌什么。于是，扎克宽慰地说，自己来自欧洲，见过很多像他们那样名不见经传的小作坊，但是，恰好是这些小作坊能生产出一些意想不到的好产品来，因此，告诉露丝不必介意。露丝还是很担心，认为扎克先生肯定会看不上他们的，最后，她邀请他周六过来看看，因为周六自己也在店里，这样，艾略特就不用独自面对遭遇拒绝的尴尬。

那个周六，扎克如约而至。他和艾略特握了握手，四处环顾了一下，对这个小作坊非常满意，然后就说他要下份订单，露丝和艾略特当场惊呆了。

当时，露丝根本就没有任何准备，认为对方只要看了作坊，就会打消订货的准备。此时，艾略特意识到他手头连纸笔都没有，于是，他急中生智，随手捡了张包装纸，撕下一角来，用一截铅笔头，快速写好了订单。500美元的订单，对财大气粗的扎克来说不算什么，可在露丝和艾略特眼里，那是对他们的梦想的最大肯定。

扎克走后，他俩兴奋得大喊大叫，紧紧地相拥在一起，他们终于成功地卖出了第一批货。接着，露丝又开始操心收支问题……这样，她边干边学，开始了自己的经商生涯。

小夫妻俩的作坊终于有了第一个客户、第一张订单，就这样，年轻的创业者上了路！

艾略特设计的小玩意要用到聚丙烯酸树脂板，如果他们以零售价买入的话，就没多少利润可赚，所以他们希望能从供应商那里批发。他们给杜邦公司打电话，对方没有回应；联系罗姆哈斯的销售代理杰瑞·杨，可他认为他们要的货数量太少，不能给他们批发价。

但是，杰瑞·杨并没有忘了他们。几个星期后，他打电话给露丝，把露丝引介给了他自己公司的一个大客户——道格拉斯飞机制造公司。原来，对方曾请杰瑞·杨推荐一家公司，为他们的促销活动设计一款新颖的礼品，用以答谢各方官员的关照及客户嘉宾的厚爱，同时也是公司对全体员工的回报。杰瑞·杨看过艾略特设计的产品，知道他是个有设计天赋的人，正是道格拉斯飞机制造公司需要的人才。

道格拉斯公司希望新的礼品设计能把漂亮的DC-3压铸飞机模型包括进去，并适合摆放在办公室或家里的书房里。当然，在合同正式敲定之前，道格拉斯公司表示希望双方能见见面，明确他们的要求，共同商讨有关细节。本来，商讨设计的最佳人选应该是艾略特，可露丝知道，把这样一个重要的潜在客户交给木讷的丈夫，事情非给搞砸了不可。既然不能指望艾略特应对这样一个大场面，她只能亲自上阵了。为此，她专门请了一下午的假，赶到道格拉斯公司，同3位男性负责人见面，商谈具体事宜。

在大办公室里，露丝专注地倾听着他们对设计的具体要求，尽量少发表意见，把这些记录下来，方便艾略特参考，同

和创造世界名牌的人

一起放飞梦想

Let the dream fly

时也是为了避免暴露自己对设计的无知，被对方抓住把柄说自己心意不诚恳。对方在提出了具体的要求之后，马上就和露丝签订了合同。

露丝欣喜若狂，她成功地拿到了这笔交易。她对自己在那次会谈上的表现非常满意，同时，她也相信艾略特肯定有办法令他们的新客户满意。后来，艾略特根据公司的要求，设计出一款简约、优雅的钟表，在那个毕加索和布拉克风靡一时的年代尽显时尚。

经过几次客户订货，露丝的销售事业渐渐走上正轨。从此，露丝疯狂地爱上了销售，常常扔下她在派拉蒙的工作，四处出击拉客户，招揽了一批像雷电华电影公司这样的买主，还有一家名为恩卡的公司。艾略特则充分显露了他精准把握时尚潮流的才能，不断设计出样式新颖的产品出来。20世纪30年代晚期正流行珠宝饰品，艾略特试着设计了几款珠宝饰品，希望走出更宽的道路。

1940年，他制作了一款小巧别致的饰品——一只以女性之手托起的小瓶，瓶里面可以装些水、放朵玫瑰花苞，别在女士休闲衬衣或运动外衣上。这个款式很受女士们的喜爱。艾略特设计、制作的饰物很快出现在了洛杉矶的各处商店柜台上。

露丝的销售同步跟进。同时，她竭尽全力争取银行贷款，用以采购生产材料。他们的产品更多样化了，有碗状水果盘、化妆盒、咖啡桌、早餐盘、大衣挂钩，还定做各种家具。

第三节　不甘心的家庭主妇

> 无论用什么办法，发现自己的不足并且
> 承认它们的存在，这是很需要勇气的。
>
> ——胡佛

艾略特负责制作，露丝负责销售，夫妻两人配合得非常默契，真可谓是生意兴隆。但是，好景不长，这对年轻夫妇面临了一个更棘手的问题：露丝怀头胎，出现了孕期综合症，伴有出血症状，医生告诉她，她的体质天生易流产，如果想保住胎儿，就不能过于劳累，最好的办法就是卧床休息。他们理解医生善意的建议，但这对于正值创业进入攻坚阶段的小夫妻来说，无疑是晴天霹雳。

艾略特在艺术领域绝对是个前途光明、孜孜不倦的艺术家，但在商业领域，尤其在经营方面却是很弱，如果这项工作离开了露丝的掌控、决策和参与，那结局是不可想象的。没有办法，毕竟，保住胎儿更重要，尽管露丝非常不情愿离开自己喜欢的事业。

最终，艾略特选择了扎卡里·赞比。扎卡里·赞比来自俄罗斯，是犹太裔移民企业家，做珠宝首饰很成功，有足够的资金、财力培植一个新的企业。在此之前，赞比在好几家店里注意到了露丝和艾略特的产品，被这些精美的产品深深地迷住了，于是，他开始打听设计师的有关情况。1941年初的某一天，赞比悄悄地来到了艾略特的店，一见到艾略特就说："你需要合作伙伴吧，让我们联手吧。"

艾略特在走投无路时只好引入了合伙人，新成立公司的名字就以他们两个人的名字，被命名为"艾尔扎克"。从此，艾略特又开始继续从事自己的设计，赞比则取代露丝以前的工作，专门负责打理生产、渠道、销售，小作坊生意蒸蒸日上。就这样，赞比接管了原来露丝负责的工作，包括策划、营销和管理。后来证明，赞比的加盟使得他们的生意峰回路转，给作坊带来了生机。

赞比来艾略特·露丝塑料制品店时，露丝已被迫卧床两个月，医生都不准她单独上浴室。此时，露丝已辞去了派拉蒙的工作，莎拉和路易斯也从丹佛搬到了洛杉矶，以助他们一臂之力。露丝还得继续卧床静养，无法插手生意。

珍珠港战争爆发前的那段日子，美国人都收紧了钱袋子，赞比撰写了俏皮的小广告，向人们兜售着他们的产品："搞笑的企鹅爸爸与儿子、会飞的猪妈妈与女儿，你的藏品里一定不能少了充满奇思异想的艾尔扎克。"企鹅发卡零售价每只2美元，配套的耳环一对1.25美元，还有一款发簪是"竖着耳朵的翠绿人工树脂兔子"。所有这些小饰品都出自艾略特的设计。

就这样，两年过去了，随着销售额不断飙升，小作坊的生意逐渐做大了。按理说，艾略特应该高兴才是，这毕竟是他和露丝的心血之作。但真诚、单纯的艾略特却高兴不起来，他发现在与新合伙人的合作中，自己越来越难以忍受那种铜臭味十足的商业规则，只管批量生产、增加销售，却根本不管产品的质量以及在设计上蕴含的美感与创新，艾略特陷入深深的痛苦中。

离开公司后，露丝辞去工作，在家安心静养、安心保胎，开始过起了普通家庭主妇的日子，再也不过问公司的事情。

1941年5月21日，露丝顺利诞下一名健康女婴，取名芭芭拉·乔伊斯。为了支付保罗·斯坦伯格医生的接生费和露丝的住院费用，艾略特找人借了65美元。

露丝整天待在家里、看护女儿芭芭拉，她觉得烦闷无聊，总是莫名其妙地发火。她渴望重返商场，她不喜欢干家务，讨厌下厨房，做出来的饭菜惨不忍睹，令人难以下咽。露丝觉得这样的生活无趣、精神紧张，可又不敢做运动，害怕再次引发出血。"似乎我就适合待在家里，哪儿也去不了，我讨厌这样的生活，我无法忍受这样的自己，这种感觉简直糟透了。"露丝牢骚满腹，她觉得自己魅力全无。远离了她和艾略特共有的生意，这让她心里很别扭。

公司走上了正轨，但家里的事情也让艾略特烦心不已：先是露丝初为人母，需要努力适应她的新角色；然后是1942年，她再次怀孕，却不幸小产了。露丝非常渴望再生个孩子，并于1943年的夏天，第三次怀孕。晚上，还要听着艾略特抱怨工作上的烦心事儿，露丝心里沮丧莫名。她渴望着能管理艾尔扎克，可怀着孕的她到后来几乎无力起床。

与此同时，有段时间，露丝发现艾略特似乎总是和艾尔扎克的某位漂亮金发女员工在一起，她犹如怨妇一般抗议了一通。在艾略特的记忆里，这是他们结婚以来仅有的一次吵架。这些，都是露丝不适应、不安心家庭主妇生活的一种表现，她渴望再返商场，不想就此结束自己的商业生涯。

1944年3月22日，临近生产的露丝挺着个大肚子，带着芭芭拉外出。她们坐公交车途经皮卡林荫路、摩托大街、曼宁大街，然后再坐回来。同一天晚上，露丝的儿子，9斤多重的肯尼斯·罗伯特降生了。

后来，露丝回忆说："我们一趟趟地坐着公交兜圈子，感觉路面崎岖不平，颠簸得厉害。一路上，我不停地说着：'大汽车，跳跳跳，弟弟快出来。'芭芭拉听了就咯咯地乐。那天，我们过得很开心。"

艾略特终于松了一口气，宝贝儿子让他喜不自胜。当他抱起小儿子的时候，第一次，艾尔扎克的发展与和合伙人的烦扰纷争，被他抛在了脑后。

第四节　露丝重返商界

> 对于想做的事情，最简单的回答就是"尝试着去做"。
>
> ——英国格言

这时的露丝，已经是两个孩子的妈妈了，远离商界4年多。当她听说了艾略特的不悦，就建议艾略特将自己的股份转让给那几个新来的合伙人，他俩再找机会东山再起。

艾略特听了露丝的建议，觉得也非常在理，现在自己对这个公司已经感到无法控制，失去最初的激情。于是，他便去找那几个合伙人谈判，没想到对方一点没有挽留他的意思，反而出价1万美元购买艾略特的股份，让艾略特即刻走人。

这世间还有没有公道？一家年销售额几百万的公司差不多1/4的股份，就值1万美元？艾略特回来后，气愤地将事情告诉了露丝。然而，露丝沉默半晌，很平静地注视着可怜的艾略特，一个字一个字地说："亲爱的，我们就以1万美元价格卖了这股份，拿这笔钱，重新上路！"艾略特一向都听露丝的安排，本来还想再挽救一下，但听到露丝这样说，便决定离开这个自己一手创办的公司。1945年，他们期盼的新公司——美泰（MATTEL）公司诞生了。这是露丝夫妇与朋友曼特森共同成立的一家公司——MATT取自"曼特森"，而EL来自"艾利奥特"。几年后公司开始赚钱，主业也转向了生产玩具，后来它成为生产布娃娃最有名、最成功的公司。

成大事之人，必有特立独行之处。露丝是有眼光的，那种眼光超越了世俗的愚见，那种眼光彰显的是睿智与远见。露丝为什么敢用1万美元的价格卖掉公司的股份？就在于她看清了一个事实，那就是身边的最亲爱的人——艾略特身上洋溢着无穷的创造才能，这才是最值钱的。作为核心的技术人员，艾略特才是这旅程中的无价之宝，这是商业运作中不变的铁律：人才决定成败。原公司那几个目光短浅的合伙人，自以为抓到了商机，捡到这么大的便宜，还不发财？在对财富的贪婪和攫取中，他们却白白地放走了艾略特——一位天才设计师。结果，没过多久，公司便倒闭了。而露丝夫妻俩却开启了新的创业之旅。

露丝和艾略特这对小夫妻，又开始没日没夜地打拼。艾略特在搞设计的时候，最需要安静的环境。露丝心知肚明，他的才华是最大的财富，而自己最需要做的就是为他营造一个舒适、静谧的氛围。露丝是妻子，是母亲，还要照顾孩子，更是公司的主管、采购员、货车驾驶员……一个主内，一个主外，在默契的配合中，在无言的关注中，他们这艘小船正驶向辽阔的海洋！

创业不容易，虽然销售量在增加，员工也添了不少，但是经常是订的货交出去了，现金却不能及时回笼，公司出现了入不敷出的局面，时常会出现赤字，这让他们很犯难。没有办法，露丝只好找到莎拉和兄弟姐妹，向他们去借钱。露丝拍着胸脯保证，赚到钱了，第一件事情就是先把借款给还了，要是还不了钱的话，她和艾略特就在兄弟姐妹家里轮流打一辈子勤杂工。露丝的执着感动了一位家境稍微宽裕的姐姐，借给了露丝10万美元，于是，小两口把这笔钱统统砸进了刚创业不久的公司里。有了这笔钱，公司又能正常运转了。当露丝提着赚回来的钱去见姐姐的时候，她给了姐姐两个有意思的选择：一是连本带息将借款全部归还，二是债转股、将借款转成公司股份。姐姐想听听露丝的建议，露丝说，当然是债转股喽，要是你们同意的话，我现在可以让你们用这笔钱买下我们公司一半的股份。其实，这也是露丝感恩姐姐当年对自己公司在遇到困难之际，及时伸出援助之手的一种报答。

对于这样千载难逢的机会，姐姐也知道露丝的心思，便听从了露丝的建议。几年以后，姐姐当年借给露丝的10万美元，就变成了全世界最大的玩具公司美泰的50%股份，每年的利息收入远远超出原来本金的成百上千倍。其实，这也可以看出露丝作为一个商人慈善的一面，她从事经商，不仅仅是为了赚钱，而是要实现自己的人生价值。

经过10年时间的打磨，美泰公司逐步发展壮大。露丝和艾略特设计、生产、销售过无数种产品，包括艺术镜框、孩子们玩过家家的小家具、音乐盒、三脚小钢琴、玩具手枪等，通过自己的双手，公司成为一家专业的玩具生产商。

Barbie

第四章　美泰公司的快速发展

Barbie

第一节　经商天才

> 虽然没有人可以回到过去重新出发，但每个人都可以把握现在，创造新的未来。
>
> ——卡尔·巴德

1947年3月的一天，露丝接到远在东部纽约的艾略特打来的电话。由于时差原因，他打电话过来时，露丝还在家里，正准备去美泰上班。

当露丝听到艾略特声音的时候，发现往日温和宁静的声音此刻透着恐慌，公司的第一个大型玩具要被人偷走了！听着电话那头艾略特的叙述，露丝决定放下其他一切事情来解决这个问题。

一直以来，露丝都是家庭、工作两不误，即便是孩子年幼时，她也坚持全职工作。正是基于此，露丝再次萌发工作的决心，认为一个女人也应该在当好妻子和母亲的同时谋求事业上的发展与成功，需要走出家门去上班，工作让她心中充满感恩。

美泰公司刚刚聘请到卡莱尔兄弟代理销售一款独特的大型玩具Uke-A-Doodle（这是一款大型音乐玩具，像孩子般大小的夏威夷四弦琴），但却又很快失去了这个合作伙伴。这款玩

具原是艾略特发明设计的，他还给它取了"Uke-A-Doodle"这个有趣的名字。那时电视机还没问世，人们主要的娱乐就是收听广播。在众多"只闻其声、不见其人"的广播节目里，阿瑟·戈德弗雷的脱口秀是最受欢迎的，有成千上万的美国人喜欢他的节目。艾略特和露丝平时忙于做生意，几乎没时间收听戈德弗雷，但二人却是他每周一次的晚间节目"阿瑟·戈德弗雷的天才童子军"的忠实听众。

艾略特敏锐地捕捉到了蕴藏其中的创意，他仿照戈德弗雷的尤克莱利琴很快设计出了一款新玩具：蓝色与珊瑚红相间的四弦琴，配以小巧的琴拨子，用缀满鲜花图案的彩色包装纸包裹着，置于特别设计的琴盒里；琴盒造价不菲，装饰得五彩缤纷，异常漂亮。这款玩具的建议零售价是1.49美元。它的塑料琴弦发出的声音说不上悦耳，可戈德弗雷的嗓音也不属天籁，他的粉丝们可以想象自己是影视明星，自己随时可在家人面前拨弄下琴弦，自娱自乐一把。

公司成立不过两年半的光景，从最初的玩偶屋家具系列开始到现在，所有的产品销售多是由露丝负责。1945年美泰大获成功，可紧接着，就有一家玩具公司凭着更低廉的造价、更精细的制作赶超了美泰。美泰迅速转型，向市场推出了群鸟系列及高度仿真的化妆品系列。他们将雇员控制在5人，加班加点赶制，终于在1946年底实现了盈利。露丝由此认识到，公司要发展，就必须有覆盖全国的销售网点，于是，开始在全国范围内招募美泰玩具销售代理。

1947年3月召开玩具博览会，此前3个月露丝就开始谋划。

露丝没和卡莱尔兄弟商量，就带着Uke-A-Doodle的样品找到了巴特勒兄弟的洛杉矶销售处，对方是家总部在芝加哥的批发巨头，其下有授权的本·富兰克林零售杂货连锁店近3000家。他们同时还是中间商，大批量地收购玩具，然后发往全国各地的各类商家店铺。露丝以自己的热情和精美的玩具设计征服了洛杉矶销售处的工作人员，同时获得了公司总部的批准，露丝与他们签订了一份大额订单，这让露丝非常高兴，满腔喜悦，等着未来的成功。

这个天大的好消息却并没有得到卡莱尔兄弟的认可，相反，他们却非常生气，认为露丝是不顾他们的存在，越过他们找上门去兜售，那他们以后还如何把东西卖给这家连锁巨头？原来，巴特勒公司的总部就在卡莱尔兄弟所在的城市芝加哥，难怪他们会生气。

这还不算，让卡莱尔兄弟生气的更大原因在于，露丝明明知道巴特勒公司既经营连锁店，又是中间供应商，但她居然还同意承担所有的运输费用，还要以中介批发价卖给巴特勒连锁店铺。因此，卡莱尔兄弟认为露丝的做法是极为愚蠢的，巴特勒应该承担运输任务，即使让露丝负责运输但运费应由巴特勒承担。于是，卡莱尔兄弟当场宣布辞去美泰销售代理一职。

Uke-A-Doodle系列为美泰日后许多了不起的玩具搭起了展示的舞台，从此，露丝绚丽登场，殚精竭虑地坚决捍卫着美泰公司的利益。

卡莱尔兄弟退出后，艾略特就计划着前往玩具博览会物色新的销售人员，主要负责美泰在纽约的销售。抵达纽约后，

有人向他推荐了艾尔·弗兰克，二人见面后不久，他就决定聘请弗兰克和他率领的销售团队。在弗兰克的引领下，艾略特参观了玩具博览会，他们边看边点评，讨论着参展产品的商业潜力。

就在艾略特一行人兴奋地看着展区的玩具时，有个展区的商品当场就让艾略特震惊，原来，洛杉矶的竞争对手尼克博克塑胶制造商的列奥·怀特正在他们的展区展示并售卖Uke-A-Doodle，报价比美泰还要低。怀特把样品上美泰的标签撕掉了，那玩具很容易仿制，他们自己就能生产供货。许多正准备与美泰签单的客户告诉艾略特，怀特给他们的报价比美泰还低。于是，两家公司较着劲儿降价，都希冀凭此打败对方，一场价格战就此拉开了序幕。艾略特立即打电话把这个情况告诉了露丝。

露丝听到这个消息后非常愤怒，但她立即意识到美泰必须尽快缩减成本，目前能达到这个目的就是扩大生产来降低成本。美泰有现成生产设备，单凭这点就占尽先机。因此，露丝决定打时间仗，下令马上投入大量产品以冲击市场，要让尼克博克生产的尤克莱利琴还没机会出现在货架上美泰的产品就占领市场。

与此同时，露丝又把目光投向了包装，打算将原本造价昂贵的两件式豪华包装盒改为一件式可折叠简易包装，她恳求包装公司按要求转产。但是，对方根本不予理睬，反而提醒露丝美泰公司还欠着他们货款。露丝可没有被这些问题吓倒，于是，她立即拿起电话簿挨个给上面所有的包装盒公司打电话。

　　经过几个小时的鏖战，一个名叫爱迪·梅尔斯的年轻人同意了露丝的做法。露丝约他在美泰公司见面商谈，露丝态度诚恳、据实告知美泰要大幅降价而又面临资金短缺无处赊账的窘境，但公司有大额订单正源源不断地涌入。两人谈得非常投机，梅尔斯听完后表现得非常兴奋、激动，他本身就是一个非常有眼光的人，认为现在机会难得，和露丝达成了合同意向，愿意提供露丝要的包装盒。

　　当梅尔斯把美泰的要求告诉厂方时，厂方表示先要了解美泰的信誉，美泰信誉好就承诺，但假如美泰届时无法付款，将由梅尔斯本人承担一切费用。梅尔斯对美泰进行了全方位的考察，也对露丝的经营充满了信心，因为，梅尔斯从美泰的创建、发展过程中，露丝的经商天才显露无遗，正是她那种无师自通、灵活有力的销售模式深深地打动了年轻的梅尔斯，于是，签订了这个非常冒险的合同。

　　梅尔斯对深陷困境的美泰如此信任，危难时刻慷慨相助的义举，让美泰渡过了这个难关。对此，露丝一生铭刻在心，她说："虽然我们的公司壮大发展了，我们对梅尔斯的忠诚也永不褪色。公司越壮大，需购买的包装盒越多，他的收益也就随之增加。到后来，整个包装盒公司都成了他的囊中之物。"当然，梅尔斯不仅无数次地把露丝从经济危机中解救出来，也挽救过她的情感危机。

　　露丝对早年曾支持过自己的贵人终生铭记，必择机涌泉相报，不遗余力；对那些曾阻挠作梗的小人，露丝也一日未忘，绝不轻易放过。商场如战场，变幻莫测，胜败在瞬间，起起落

落是常事，总有贵人相助，也有小人作祟。待到艾略特从纽约返回洛杉矶时，露丝已理顺乱局，新款玩具琴的造价降下来了。

美泰公司投资人马特森看到美泰现在的局面，仿制品长期困扰着公司的发展，于是，有意离开这个时刻充满危机的公司。马特森曾帮助露丝重返生意场，却无法在她的公司里长久待下去。当马特森说要撤资退出时，露丝只是看着他双手抱头地坐在那儿，并没有坚持劝说他留下。露丝总是在寻找最好、最聪明、最进取、最灵活的人充实于公司的每一个岗位。

那时，莎拉和路易斯刚卖掉了他们在丹佛拥有的产业，搬到了洛杉矶的韦斯特伍德区，恰好手上有一笔流动资金。于是，露丝建议马特森去找找莎拉和路易斯，看能不能说服他们买下他在美泰公司的份额。马特森听到这个消息，当场高兴得一跃而起，经过商谈，路易斯以1.5万美元买下了马特森的份额，马特森拿着原来投入的1万及多出来的5千美元就此离开了美泰。但日后美泰的发展，却让马特森倍感后悔。

接下来的10年里，美泰公司励精图治，顽强面对各种困难，Uke-A-Doodle玩具琴售出了1100万件，而第一年的利润就高达2.8万美元，这是让马特森始料不及的。这期间，美泰公司更是收获有诸多深刻教训，也失去了几位早期的重要成员。

第二节　意外的音乐盒

> 通往幸福的一扇门被关上之时，另一扇
> 门就会打开。
>
> ——海伦·凯勒

美泰的生意做大了，露丝的权力也越来越大。美泰公司因那款玩具琴遭遇经济困难，却也意外地再次叩响了成功之门。1949年有个名叫特德·邓肯的人登门拜访露丝夫妇，向他们展示自己蜗居车库三年发明制造的一款现代化的音乐盒。

露丝和艾略特却洞察到了邓肯这款音乐盒的商业潜力。艾略特于是特别设计了一批玩具，将邓肯设计的音乐盒内置其中。他们推出的第一款玩具是街头手风琴师演奏用的手摇风琴，然后是露丝设计的一个玩偶匣——露丝一生也就那么几个玩具创意。他们把这个生产任务交给了一个信得过的工头保罗·布莱尔，还要求邓肯一起下工厂，二人共同负责玩具的工艺制作和批量生产。

露丝和艾略特赏识布莱尔在管理和工程设计方面的才华，让他拿出生产邓肯小音乐盒的最佳方案。他们确信这款产品会取得成功，已注入大笔资金进行开发。这还不够，这款玩具要求投入特定的生产设备和工具，可露丝没法说服银行把这

笔款贷给美泰。她和艾略特便搭飞机前往丹佛，向她姐姐多丽丝、姐夫哈利·保罗借款筹钱。此前他们已第二次从莎拉和路易斯·格林沃尔德那里借了2万美元。保罗夫妇答应借给他们1.5万美元。露丝是这样对哈利说的："这次如果出了什么事儿，失败了，我们会用我们的余生做工偿还这笔债。"对此，哈利的回答是：他知道他们会这样做。

问题从一开始就存在：邓肯与布莱尔对如何制造这款音乐盒意见相左，而露丝夫妇不得不做出选择。当他们选择站在员工布莱尔这边时，邓肯愤怒了，他一纸诉状将露丝夫妇告上了法庭，不仅如此，他还自己掏钱订购材料，想要证明布莱尔的生产计划是错误的。

邓肯已将自己的音乐盒贩卖给了美泰的主要竞争对手尼克博克塑料公司。在美泰推出玩偶匣数月前，曾剽窃夏威夷四弦琴Uke-A-Doodle创意的列奥·怀特就开始游说尼克博克投产邓肯的音乐盒。等美泰一推出玩偶匣，尼克博克又故伎重施。但是这一次露丝决定战斗，美泰起诉了尼克博克，并获得胜诉。他们的对手被迫销毁所有存货、停产，还要付给美泰5万美元的赔偿金。

美泰推出的音乐盒获得了巨大成功。较之没有任何操控装置的瑞士音乐盒，美泰的音乐盒允许孩子们亲自动手，通过转动曲柄自由创作音乐：假如他们停止转动曲柄，音乐也会随之戛然而止。露丝和艾略特共同杜撰了"游戏价值"一词，用以表示孩子玩玩具时能参与进去，并宣称美泰音乐盒的游戏价值高于其他玩具。几年间，配有此种操控装置的玩具源源不断地充实着美泰的财政收入。

艾略特又拿出了许多新的创意，将音乐盒发音装置进一步改良后，将其装入18种不同类型的玩具内。不仅Uke-A-Doodle改头换面了，其中有一款农场流动炊事车一拉就会弹"噢，苏珊娜！"的曲调，还有一款音乐旋转木马，一转就会弹奏"戴尔农夫"及其他常见曲调。

美泰几乎一举成名，迅速成为美国最大的音乐盒玩具制造商。而露丝夫妇在这场豪赌中已将他们所有的一切，包括从家人和公司员工那儿借贷筹措的资金，全都押在音乐盒上了。他们孤注一掷，但最终赌赢了：音乐盒玩具仅第一年的零售额就高达700万美元，第二年在前一年的基础上又增加了200万美元。

露丝和艾略特拥有美泰，是公司大老板，却与员工上上下下都打成一片，从维修工人到设计师、工程师，大家相处轻松、自然、随意，对此，露丝常引以为豪。

露丝和艾略特常下到生产车间，有时还亲自上生产线操作。大家都直呼其名，假如某个员工表现得过于拘谨了，露丝就觉得是哪个地方出了问题。"公司的每一个员工，我们都了如指掌。我们叫得出所有员工的姓名，他们也都认识我们。我们经常一起参加活动，相处开心、融洽。"

第三节　与"米老鼠"结缘

> 一个明智的人总是抓住机遇，把它变成
> 美好的未来。
>
> ——托·富勒

正当露丝满怀希望要在全美建立最大的玩具公司时，沃尔特·迪士尼为她提供了机会，让她的梦想变成现实。

米奇是沃尔特·迪士尼公司的动画人物，1928年在《汽船威利》中首次亮相，很快，迪士尼就将那个骨瘦如柴、总是瞪着大眼睛的米老鼠发展成了一种特许商品。到了20世纪50年代中期，米奇已经成了无人不知、无人不晓的电影明星，频频出现在漫画和动画电影里，甚至在很多商品上都可以看到它的影子。

1955年，ABC电视台开始为新档电视节目《米奇俱乐部》征集电视广告，寻找合伙人。正当迪士尼致力于开发《米奇俱乐部》的时候，艾略特也在考虑音乐盒以外美泰的下一款重要玩具。他喜欢古老的西部，曾有几年，他带着全家到亚利桑那州土桑郊外的一个观光牧场去度假。他头顶牛仔帽，身穿格布夹克，脚蹬牛仔靴，到沙漠里去追土狼。

《罗伊·罗杰斯》是一部儿童西部片，由笑容可掬的

"牛仔之王"罗伊·罗杰斯主演，艾略特喜欢得不得了。几年之后，成人西部片，如《荒野大镖客》《大淘金》《帐篷车队》和《超级王牌》等，相继搬上电视荧屏。

美泰拥有自己的品牌，也有着明确的使命，那就是生产玩具。任何有能力保证全年都有销量的玩具公司都将在竞争中脱颖而出，占据绝对优势，因此露丝认真地倾听着卡森和弗朗西斯的介绍。

弗朗西斯用近半小时时间解释ABC的计划，而艾略特和露丝始终聚精会神地听着。他刚一说完，两人就对视了一下，一致认为弗朗西斯所说的很有道理，但艾略特也建议问问美泰的审计官吉田康夫，看美泰是否有经济能力承受这笔交易。

他们当即叫来了吉田康夫。露丝迫不及待地问，如果我们拿出50万美元用于电视广告，但是广告不是很成功会有什么样的后果。吉田康夫没有马上说，而是沉吟了半晌，然后告诉露丝，美泰的产品会卖得更多。已经等得不耐烦的露丝接着又问："万一，万一广告不能取得很大效果，又会怎么样？会破产吗？"吉田康夫答道："破产倒不至于，只是受些打击罢了。"有了这样的答复，对露丝来说已经足够了，她当即同意与ABC签约。

整个会谈时间不到1小时，但却给了露丝极大的鼓励和自信，她当即决定拿出50万美元，相当于当时美泰的全部资本净值。露丝说"那是ABC最轻而易举地拿下的一笔交易"，但对于露丝而言，也开启了一个新的销售时代的到来。

露丝和她的销售代表们苦口婆心地向众人介绍迪士尼的新

档电视节目《米奇俱乐部》和他们的广告计划，并向买主们保证：电视广告会使玩具枪不到圣诞节就销售一空，因此劝他们尽早签下全年的订单。结果，美泰的这一招还真奏效。基于美泰其他玩具的销售情况和迪士尼的品牌力量，美泰最后拿下了一大批的订单。喜不自胜的露丝甚至曾经考虑：即使有人取消订单，美泰一年的生产也有了保证。但事实证明，事情并不像露丝想象的那样乐观。

由于订单很多，美泰不得不加班加点开展生产，大量的产品提前就被发出，商场里一时间堆满了"打嗝枪"。不过，它们更多的却是只进不出。电视广告还没来得及播出，人们不清楚这种新型玩具怎么玩。看着货架上卖不出去的玩具，购销商们开始担心起来，于是纷纷取消接下来的订单。各地的销售代理开始致电美泰，说他们手里的"打嗝枪"太多了，要求将商品退回，零售店也要求取消9到11月的订货。

露丝一下子慌了神，立即要求停产，但即便如此，美泰还是有一大堆的"打嗝枪"积压在了库房里。露丝后来回忆说："整个秋天，公司里一片冷清。"然而，随着10月《米奇俱乐部》的开播，大家又重新燃起了希望，但一周下来，销售量依然很低。

每周，一到了固定时间，露丝和艾略特就会端坐在电视机旁看《米奇俱乐部》。他们既为美泰销售状况不佳感到沮丧，同时也为卡森·罗伯茨广告公司为"打嗝枪"设计的广告感到骄傲。屏幕里，杰克的小儿子凯利·卡森手持冲锋枪，昂首阔步地在客厅里绕着家具走来走去，后墙上则是一群群野象的照片。只要孩子枪声一响，胶卷就向后倒，观众就可以看到大象不断撤退的景象。当孩子再次给枪上子弹时，解说员开始讲解玩具枪的操作步骤及"火药"的存放等问题。广告还邀请每个孩子都带上他们信得过的美泰玩具"打嗝枪"，一起去非洲的丛林猎象。广告的末尾，罗伯茨加上了一个新的产品标志：一个卡通男孩头顶王冠，在中心标有字母M的座椅上向观众挥手。随着解说员再次拿出这一标志，屏幕上开始出现一行字：美泰的产品就是好！

《米奇俱乐部》一经播出，立即取得了轰动性的效果，成为所在时段最受欢迎的节目。但遗憾的是，美泰的销售状况并没有因此而好转。卡森·罗伯茨公司提议，美泰应在报纸上刊登广告，目的是提醒父母观看美泰的电视广告。后来据该广告公司的塞·施耐德说："那其实也是无奈之举，我们开始怀疑这一次是不是赌输了。"

当年感恩节，露丝回家过节，情绪非常低落。然而令她没有想到的是，等她假期回来，按照她的说法，自己"一下子兴奋得近乎忘乎所以！"——电视广告播出后6个星期，节日期间，商店里的"打嗝枪"突然被抢购一空！美泰总部的电话、电报、信件不断，纷纷要求增加或恢复订单，一时间美泰的订单如雪片般飞来。无奈之下，员工开始给那些曾经要求退货的商店打电话，然而一问才知道：他们手里的"打嗝枪"和其他商店一样也销售一空。重新生产已来不及，因此美泰仓库里那些由于质量问题而被退回的玩具枪也被拿了出来，修理好后，重新发走。

前总统艾森豪威尔的孙子戴维就在白宫收到了一个经过修理的"打嗝枪";美泰还应一位记者的请求,将一把这样的枪寄给了在加利福尼亚一家医院住院的一个孩子。截至圣诞节,露丝以4元1把的价格共发出了100万把"打嗝枪",赶上了她前一年全年所有玩具加在一起的销售量。据露丝说:"到了那年圣诞节,找遍全美国也买不到一把'打嗝枪'了,都是《米奇俱乐部》的功劳。你可以想象:对于我们下一届玩具博览会的参展品,玩具采购商是何等期待!"

正当美泰因"打嗝枪"的热销而欢天喜地的时候,马克斯玩具公司的创立者及总裁路易·马克斯却上了《时代》杂志的封面。据他说,该公司上一年度的广告总支出只有312美元。他指出:玩具是不能靠电视来销售的,永远都不能。该报道接着介绍了其他的一些大型玩具公司和它们的销售策略,相对于它们来说,当时的美泰只不过是个"小虾米",根本不值得一提,但是不久之后,人们将对美泰刮目相看。

第四节　电视广告促销

> 智者创造的机会比他得到的机会要多。
>
> ——培根

露丝不仅以刺激需求来推动供给,而且还将广告的目标由父母转向了孩子。电视上的玩具广告也改变着美国家庭。父母不再只给孩子买他们认为最适合孩子的玩具，逐渐地，电视广告让孩子们形成了自己的观点，从而决定父母该给他们买哪些玩具。多年后，当接受《时代》杂志采访时，艾略特说道："我们认为孩子要什么，还主要取决于父母。"恐怕那些整日吵着要电视上看到的玩具的孩子们的父母们听了这话，是绝对不敢苟同的。

美泰的电视广告也招来了零售商们的极度不满。据拉尔夫·卡森告诉记者，零售商的这种不满源自电视广告对他们在行业内影响的冲击。广告使得他们只能购买美泰的打广告的产品："过去，由采购商决定什么玩具好卖，现在美泰把它颠倒了过来。"正是这样一种颠倒，给美泰带来了前所未有的销售和市场前景。

看到电视巨大的销售潜力，露丝开始考虑扩大公司在电视上的影响力。1959年，她让卡森·罗伯茨广告公司设计一档名为《马蒂的周日》的儿童节目，由动画人物马蒂·美泰和贝尔姐姐担任主持人。节目中播出的动画片《鬼马小精灵》《小奥德丽》《痒痒鼠与抓抓猫》《水獭小宝贝》和《烦人的乌鸦》立即受到观众的追捧，然而最令露丝高兴的还是她与ABC电视台签署的赞助协议。

通常的赞助合同，一般为期13~26周，每年的10月1日进行续签。然而，露丝却成功地拿到了星期天下午5点那个时段共52周的播出合同。她这么做的目的，是想让美泰的广告一直播出到圣诞节期间。由于星期天下午的广告时间一般没人要，因此签这笔合同的时候，ABC的董事会主席和副总裁们都很高兴。然而，其下属们却有些担心，原因是他们正在就一笔更大的交易进行谈判，而这笔交易很可能会和露丝争取的时段有冲突。

谈判中的节目是《体育世界》，这是一档新的大型电视节目。预计从10月起每周日下午播出，而露丝的合同要到年底才到期。考虑到露丝的合同金额要远远低于《体育世界》，ABC托卡森转告露丝：只要露丝同意更改节目播出时间，他们愿意给她提供"不菲"的补偿。

露丝回忆说："我也没讲客气，我知道他们现在掌握在了我的手里，于是我们得到了周五晚上的黄金时段。这对我们来说可非同小可，通常，周五那个黄金时段，我们只有望洋兴叹的份儿，可当时，我们却没多出一分钱就拿到了。"结果，美泰的销售又有了一次大的飞跃。

看到美泰的成功，其他玩具公司也纷纷效仿，由此电视广告带来了玩具行业新的变革。除了产品之外，玩具设计师开始考虑玩具在广告中的形象问题，以及如何突显产品的独特之处。露丝的销售和生产模式也开始出现重大变革，在分析了"打嗝枪"的销售过程后，露丝成了销售预测和控制的真正行家，她毫不谦虚地称自己的电视促销为"天才营销"。

拉尔夫·卡森回忆说："我们在电视台播出了6周，什么动静也没有，但等美泰的人度完长假回来，等着他们的却是大量的订单。于是我们认识到：广告效应的间隔时间大约为6个星期。"

美泰为什么这么久之后才知道电视广告推动了销售的增长？露丝开始着手派人调查此事。他们得到的答案很简单：父母把玩具买走之后，销售信息要由卖玩具的商店传给其批发代理人，批发代理人再将信息反馈给工厂的销售代理，最后才能到达厂家。对于西尔斯百货和本·富兰克林这样的大型连锁店，沟通渠道则更为复杂。

露丝意识到：要想得到及时的信息，就不能指望他人。她开始雇用一批人作为美泰的零售调查员，其任务就是到各家商店布置商品展示柜，了解美泰玩具的销售进展。如果他们发现商品不足或过量，他们会与当地的美泰销售代理联系，由销售代理直接致电厂家。这样露丝再也不用等上6个星期，而是在一天之内就获得全部销售情况报告。

露丝的天分不仅体现在她发明的获取销售信息的快捷途径上，也体现在她分析这些信息进行销售预测和生产控制的能力上。第一个"打嗝枪"广告播出3年后，美泰的销售由每年400万美元跃至1400万美元。尽管年销售达到5000万美元的马克斯玩具公司仍然遥遥领先，但距离美泰赶超它的日子已经不远了。

Barbie

第五章　芭比娃娃诞生记

Barbie

第一节　灵感源于孩子的游戏

弱者等待时机，强者制造时机。

——居里夫人

美泰公司从此走上正轨，露丝也开始了自己的商业人生，在商界打拼，用自己的汗水和智慧去追逐自己的梦想，实现自己的人生理想。

一次，露丝发现制作画框剩下的废料浪费掉太可惜，于是试着用这些边角料来制作小型的家具，让她没有想到的是这些小家具居然十分畅销，善于发现的露丝于是开始进入这些小型家具的生产，从此，公司又多了一项业务，为儿童游乐室设计制造家具。

当时，露丝是一个女儿的母亲，并且从事的是做玩具的生意，虽然她也当妈妈了，但还是童心未泯，时常观察包括女儿在内的孩子们，看他们的喜乐，看他们的爱好，透过孩子们的目光，露丝好像一下子进入了一个神奇的儿童世界——那是个玩具的王国。

一次，女儿芭芭拉正在和一个小男孩玩，手上的剪纸娃娃惟妙惟肖，这些小娃娃的形象很独特，不是婴儿宝宝，而是一个个少年，而且每个少年都有自己的具体职业和身份。露丝

073

看在眼里，心头一热，她的直觉告诉自己，这其中蕴含着无与伦比的感人能量，更蕴含着巨大的商业价值。女儿玩得非常投入，露丝的脑子在飞快旋转："这些美丽、帅气的少年娃娃，不正是孩子们的共同喜好吗？为什么不从这里寻找商机呢？"一串串灵感在脑中跳跃，露丝的眼前仿佛看见一个个活生生的少年娃娃在向她招手……

　　女儿和这个男孩的游戏仍在继续。露丝观察着，感动着——其实世界上最好的财宝和商机，就在我们眼前！当她看见女儿把那纸板娃娃立起来，当作一个活生生的人来对话的时候，听着他们模仿大人的口气进行交流，不知为什么，露丝几乎潸然泪下，她一方面是被孩子们的童真无邪而感动，更重要的是从这种感动中，她领悟了商业的奥秘，那就是从简单的交流中，从自然的美好中，去采撷生机，去整合和挖掘存在于人性中的那份美好与坚持。露丝发现，这种用硬纸板做的娃娃，虽然可以更换纸质服装，但固定衣服却是麻烦的事，看上去也不协调。另外，这些娃娃都是平面的，缺乏立体感。

　　露丝马上去找资料查看女儿喜欢的娃娃，看看这些娃娃的相关资料。原来，女儿芭芭拉和她的小朋友们不玩《麦考尔》杂志上比较受欢迎的贝·麦考尔之类的纸娃娃，而是对那些被塞进漫画中的娃娃很着迷。贝·麦考尔是一种与孩子们年龄相仿的娃娃，每个月的杂志上都有她的身影，弹琴，做手工，烤蛋糕，生动而可爱的造型，确实吸引人们的目光。

　　二战后，因为市场的需要，漫画商们开始在书里夹入一些纸娃娃以带动销售。有的商家手段更是高明，邀请读者为这些

和创造世界名牌的人

一起放飞梦想

Let the dream fly

娃娃设计时装。纸娃娃几乎都是模特的造型，女孩子们可以凭借自己的想象力，为她们设计五彩缤纷的服装，在想象的天空中，让这些娃娃成为这些女孩子们的幻想世界里的主人公。女儿芭芭拉就是喜欢这些娃娃，并为自己的各种设计样式乐此不疲。

能不能设计一种立体的成人娃娃，去替代这些轻薄易损的纸娃娃？女孩子们能否会从此告别这种单调和平面的游戏？这种新的设计能否激发孩子们内心深处的创造力、想象力？露丝在充满未知和挑战的期待中，不停地问着自己。于是，在露丝的内心深处开始萌发一种设想，用塑料制作成熟的女性娃娃，同时给这些塑料娃娃穿上和现实生活中一样的衣服，甚至还给这些娃娃化妆，给她们做精美的指甲，反正，一切都按照成年女性的样式设计，只不过缩小比例而已。多年后，在答记者问时，她说："我明白，要是能利用这种游戏模式来设计出立体的娃娃，我们就会拥有与众不同的东西。"

走在市场上，露丝经常看到小美女、辛迪、露华浓小姐等时装娃娃，他们也标明是"青少年"，看上去却要比实际要小。娃娃化了妆，还留着很潮的发型。更重要的是，这些娃娃可以更换成人的服装，看上去很别扭。而且，这些娃娃的大小规格也不一致。

所有这些，让人感觉这些娃娃不真实，既没有青少年的纯真，也没有成熟女性的味道。露丝回忆说："那些娃娃又丑又笨，明明看上去是孩子却装扮成成人的样子，根本不像回事。"

对于这些时装娃娃，露丝总觉得不够好，还有很多地方需要改进。露丝想设计出一种更为完美的娃娃玩具，给孩子们一个美好的童年。

当时生产的时装娃娃，工艺十分粗糙，很难激发孩子们的想象力。娃娃脸、僵直的脖子、挺着的肚子、平平的胸、铅笔一样的腿以及非常搞笑的新娘装饰、舞会服饰等，是当时这些娃娃的共同特征。露丝暗笑，少女们怎么能喜欢玩这种幼稚的娃娃呢？作为成长的她们，作为正处在青春期的女孩子们，在心理上更需要一种切肤的感官需求，一种有血有肉的偶像玩具，能够让她们与之对话。在露丝的心目中，她眼中的娃娃逐渐成形了：形象要相对复杂，更像成熟女性，栩栩如生，如电影明星，美丽的身材，漂亮的服饰……一个崭新的娃娃正向人们走来。

第二节　芭比娃娃遭到巨大的阻扰

> 如果想到达一个未知的世界，就要通过一段陌生的路。
>
> ——托马斯·艾略特

时装娃娃的出现的确是一次革新。20世纪50年代，大众娃娃玩具逐渐有被时装娃娃取代之势。塑料、乙烯塑料，这些新研发的产品为小型娃娃的批量生产带来巨大的可能性。一些有眼光的商家已经看出来：收藏也好，玩具也罢，这种玩具娃娃会很有销量的。

二战后，结婚生子当时被视为女孩子们的最佳选择，由此带来的是娃娃玩具的畅销。当时，这些玩具大都由男性设计师来设计开发。露丝夫妻俩也在进军这个市场，他们想要找到一个特别的契合点，找到一个独特的方式去进入玩具市场，不想模仿和跟风，因为毫无创意的跟风注定是临时性生产，而毫无品牌战略意识。

让娃娃穿上带有拉链、暗褶及裙摆的真正的衣服该是什么样子呢？要在娃娃的小脸上画上眼线、口红及彩妆该是什么样子呢？如果在娃娃的手指上涂上彩色的指甲油，会不会显得俗气呢？露丝在冥思苦想，构思着心中那个梦想的精灵。然而，梦想归梦想，现实是现实，仅仅是模型制作和加工就可以称为昂贵的实验了。

露丝坚信每个小女孩心里都藏着一个"大女孩"，她坚信自己的直觉是对的，更坚信自己这种与生俱来的对市场的把握力和预见力，她要来创造一个小女孩世界里的五彩缤纷的"大女孩"世界。

当露丝兴致勃勃地把这个想法告诉艾略特时，没想到，向来对她百依百顺的艾略特，一听这个想法就给露丝浇了一头冷水："别异想天开了，且不说小女孩是不是喜欢'大女孩'，你指望从大人口袋里掏钱，去给自己的孩子买这些性感、有伤风化的女人，不是你疯了，就是他们疯了！"这一番话把露丝说得心里冰凉。

艾略特还警告露丝，这个想法非常不现实，一旦操作不当，就会陷入危机当中。当这个消息传遍公司的时候，设计师们也私下的议论，都认为这个想法不现实，而且都有点责怪露丝为什么不专注于她的管理和营销，为什么非要进入自己不熟悉的设计行列。

团队里的其他男性设计师们听到这个创意，也都嗤之以鼻。他们和艾略特一样，可以接受手枪、火箭、乐器，但露丝心目中的娃娃形象，他们无法接受，甚至让人有些看不到前途。大家都一致认为这样性感的娃娃会把妈妈们吓着的，家长们肯定不会接受这个娃娃。他们还说，即使意见统一，但露丝向往的那种小型塑料娃娃生产难度非常大，就算能够生产了，也会因价格的昂贵而影响市场的销量。最后一句忠告：因为这个创意，公司输不起！

露丝的设想刚问世，就遭到了人们的极力反对，甚至没有一个人支持。别人越说不行，露丝就越要坚持己见，对于他人的反对，她竭力反驳。双方各执一词，互不让步。

露丝的坚持有她的理由。她身上有一种能力很让人着迷，那就是对市场和女性审美需求惊人的把握和预测，她坚信，每个小女孩心里都藏着一个完整理想女人的形象，人人都盼望着自己变得成熟，然后去拥有大人所具有的一切成熟的魅力和素质。露丝心目中的成年玩具娃娃，恰恰满足了这些女孩子们的心理需求，这些娃娃就像每个女孩子的大姐，将心比心——如果露丝小时候有这样一个洋娃娃，一定会非常开心。

况且，玩具娃娃为什么不能是大女人的模样？为什么不能让她们有美妙的身材？为什么不能把她们做成姿态万千、漂亮迷人的人间尤物？

当时市场上的状况非常单一，那些玩具娃娃被塞得鼓鼓囊囊，笨笨的大头，肥肥的腹部，直直的手脚，这些玩具看上去又蠢又土，也不管它什么审美啊，品位啊，造型啊，反正就是给女孩子们玩的玩具，无所谓了……大家都这么认为：长大了生孩子、带孩子、打理家中日常事务才是女人该做的，至于这种个性化的创造以及孩子们在向往什么，却不是大人愿意关心的。露丝，就要做这个关注孩子们心目中的偶像，做能走进孩子们的内心深处的玩具。

孩子们玩游戏其实都是在进行着角色扮演，从成年人的角度去体验她们心目中的那个世界，也预习她们将来长大成人的体验。女孩都希望自己将来长得如花似玉，懂得审美和打扮之道，能够让大家看到自己的与众不同的一面。露丝坚定了信心：要送给所有小女孩一个"大女孩"的礼物——玩具娃娃。这是市场上的空白，女孩子们的所需，人性里的要求，成长过程的必须……也从未有人想到过生产这样的产品，这可是一个潜力巨大的市场，一旦抓住了这个市场，成功就将属于创造者。

现在，我们看这个想法却是非常简单，但是，这个想法在60多年前并不这样简单，也难以使人信服，毕竟，世人都是保守的，尤其是在20世纪50年代。想法归想法，终究不是现实，我们今天看到了露丝的成功，但我们无法想象她当年所承受的压力。如果没有对自己足够的自信力，如果没有舍我其谁的勇敢与果断，露丝是不可能成功的。创新看上去似乎是一个非常简单的事情，但实际操作起来却是一件极难极难的事情。很多人都只能回想着过去自己多么聪明，很少有人能真的看见未来，去创造未来，把握未来。

第三节　露丝与莉莉的偶然相逢

> 偶然是不存在的。当某人得到他梦寐以求的东西时，那不是偶然使其实现的，是他自己，是希望和必然使其实现的。
>
> ——赫尔曼·黑塞

露丝坚持自己的想法，艾略特没有办法，于是为了证明自己是正确的，第二天，艾略特拖着露丝来到公司设计部，当着众人面把露丝的主意讲解了一番，结果居然人人反对，没有一个人觉得露丝的主意值得一试。接着艾略特又拉着露丝来到公司组装线上，这里的大部分工人都是自己有孩子的妈妈们，艾略特又把露丝的想法给大家解释了一番，然后问是否有人愿意为自己的女儿买这样的玩具，同样的结果是得到全场异口同声地说："不！"

这样的结果是露丝始料不及的。她站在那里，看着这些熟悉的员工突然觉得有些陌生，在那一刻，露丝懂得了一个道理：其实在这个世界上，没有人真正懂你，理解你，尤其是你的那些来自心灵深处的灵感和构思，更让人觉得荒诞不经，不可理喻，也许那些创造者，那些成功的创造者在创始之初，都会经历这般的打击和压力。

露丝有些委屈，也有些不服气。事在人为，产品和品牌都是人创造的，为什么别人行我就不行？为什么我就不能去尝试我的想法？为什么我就不能去尊重我自己内心的选择？"每一个小女孩心里都藏着一个大女孩"，压力越大，露丝的这个判断越强烈。露丝天性中那份执拗的本色显露出来了——能怎么样，就算输了，我也要试一试！

拿定主意的露丝并没有急于求成，而是苦苦思索究竟把娃娃做成什么模样，只有做出一个完美的设计计划和图纸，才能按照这个计划实施生产。

1956年，露丝到欧洲卢塞恩出差，暂时放下了对玩具娃娃的设计和构思。然而，正是这一次出差，给处于困境中的露丝打开了天窗，让苦苦思考的问题找到了答案。

露丝带着芭芭拉来到了德国，办理自己的正事。这一天下午，露丝在卢塞恩的市中心浏览，出于一种职业敏感，她特别留心那里各大商店的玩具类柜台。她发现在德国，那些玩具娃娃的款式更令人惊喜，简洁大方，线条流畅，她在一家商店里遇见一个高几十厘米的玩具娃娃，头发扎成马尾，拖在脑后，穿着典雅，身材美妙绝伦，洋溢着令人兴奋的气质。当芭芭拉看到这个玩具的时候，就一下子爱上了这个名叫"莉莉"的玩具，而且爱不释手。

莉莉的美透着一股高贵与超凡脱俗。身材修长，模样可爱，露丝母女俩哪里见过这么漂亮的娃娃？尽管芭芭拉长大了，但她还是控制不住内心的冲动，买了一个，爱不释手。芭芭拉的眼睛盯着这些娃娃，仿佛和她们是老朋友，已经失散了多年，今天又重逢一样！只是那些娃娃穿的衣服太难选择了。于是，露丝想单买娃娃的衣服，店主婉言拒绝：如果想要这些衣服，就必须买下身着那些衣服的娃娃。于是，露丝把这几个玩具娃娃都买了。芭芭拉乐得满脸通红，飞一样地抱着这些娃娃在街上跑。

后来到维也纳旅行，这对母女俩遭遇了更多更别致的莉莉。她们有的被装在盒子里，盒子的形状是圆形的，用塑料制成的，芭芭拉非常喜欢这些服饰。芭芭拉是个女孩，但她的"喜欢"代表着天下众多普普通通女孩子的梦想，露丝想：要做，就要把莉莉娃娃做成一个产业，单独出售娃娃服饰有什么不好？这些服饰，是整个产业链条中的一环啊！

这种用硬塑制成的娃娃被称为"莉莉美人"，一般不到30厘米高，是成年女性的模样，眉头天然形成一个倒V字。她们表情丰富，静静站在那里，目光斜视，似乎在想着什么心事，心里在偷偷地笑，或者在偷偷地叹气，鲜红的嘴唇娇艳欲滴，还有一点儿外翘，带有几分性感，几分戏谑，几分俏皮。而且，她们双腿都很长，挺着胸部，纤细的腰，让人的心中充满了相识的期待，不由得升起怜爱之情。

欧洲有一刊物《画报》，莉莉的身影最早出现在那里，那是莉莉最早的家园，不知出于谁之手。说起她的问世，还真有些庸俗，莉莉开始主要针对成年人的世界，而被称作"情趣玩具"。因此，莉莉问世的最早使命是满足那些阔佬、富人的需求，她衣着很性感，神态迷离，一说出话来，显得非常诱惑人。露丝曾经看过一幅漫画，莉莉用报纸包裹住自己的身体，幽默地说："我们打了一仗，他把送给我的都要回去了，包括我的衣服。"同时，她又很天真，很可人，聪明而善解人意，长长的头发，油亮油亮的，在脑后编成一个马尾辫，厚厚的刘海更映衬出她的天真和烂漫。后来，莉莉才逐渐发展成为孩子们的玩具，不仅有成熟女性的身材和体型，更有舞台明星身穿的各种漂亮的服饰。

对于和莉莉的相逢，给露丝带来极大的灵感，让她豁然开朗，她在自传中这样写道："实在太妙了，她叫'莉莉'，双乳丰满，细腰纤纤，双腿修长，简直就是一个女神的化身。"

"莉莉"的原型是德国连环漫画里的人物，她的身材修长，和成年女性的许多特征一致。"莉莉"这个人物横空出世，与露丝一直梦想的偶像玩具一拍即合，甚至有相见恨晚的味道，她想：女孩们终于可以圆了自己长大的梦了，这个梦，将陪伴她们一起成长，一起丰富，一起走向岁月的旅程。

第四节　芭比娃娃的雏形

> 梦想只要能持久，就能成为现实。
>
> ——丁尼生

"莉莉"（Bild Lilli doll）的生日是哪天呢？具体哪天已经无据可查，但肯定是在1955年，原型是《西德时报比尔德》中一个著名卡通形象。莉莉的身体构造是硬塑料制成，长长的头发在阳光下熠熠闪亮，扎成马尾在脑后温顺地"趴"着，看见色彩不一但不失典雅的衣裙，让人首先想到这个形象的设计者一定是个有着很高品位的知识女性。

莉莉的过去并不重要，重要的是，莉莉的出现给露丝带来了巨大的创作冲动，给她带来的是从天而降的灵感。她酝酿了这么长时间的娃娃形象，终于在她的心底越来越清晰，露丝的信心更加坚定了。回到加州，她甚至来不及休息，就一头扎进了工作室，开始了她梦想的征程。

露丝带着莉莉一起回到了美国，她兴奋地对公司的人说出了自己的设想。面对这样一种"成熟"的玩具，多数人都觉得不可思议，露丝肯定是疯了——莉莉的衣着太开放、太性感，给孩子们玩怎能合适？这点阻挠算不了什么。露丝想，失败是成功之母，不尝试怎么能知道结果呢？把这两点结合起来会是什么样子呢？这个玩具要伴随女孩子们成长，她们一生对自我、对女性的认同感和价值感，都蕴含在这个娃娃身上，孩子们不光需要一个玩偶，更需要在这个玩偶身上寄托自己还未成熟的女性观念，以及她长大后的理想形象。"芭比"就像一道闪电，横亘在露丝的脑海里、睡梦中，无时不在，无处不在，露丝决定动手。

消息一出，一片哗然。这个在世人眼中疯狂冒险的计划，就像露丝的疯狂和不可理喻一样，遭到大家的一致质疑，但露丝强行启动了自己的计划，她命令：设计师们要听从她的指挥，要完全按照露丝的构想和描述来设计一款"大女孩"：

脸蛋是鹅蛋型的，用12个字来代替就是：大眼、弯眉、翘鼻、高胸、细腰、长腿。设计师们只有按照露丝的想法进行设计，玩具体型设计出来后，露丝看了都不满意，于是一改再改，最后才定型为一个三围39-21-33的绝对美女的"迷你版"，还给这个新诞生的女孩配备了一个别具一格的衣柜，20套礼服放在里面，作为这些女孩的"变身法宝"，一定会给孩子们一个又一个惊喜。

根据露丝的要求，他们采用的都是上等的材料、最先进的制作技术，每件衣服从款式到纽扣，从色彩到质地，都要做到精益求精；她还命令市场部，在短期内拿出电视广告片，加强产品的介绍和宣传，在大家的共同推动下，玩具终于有机会从梦想变成实实在在的现实产品。

给这个娃娃设计一个什么样的名字，让露丝费尽了心思。最后，露丝认为玩具娃娃是根据女儿的玩具让自己找到灵

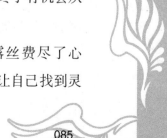

感，同时，女儿在发现莉莉的过程中有一半的功劳，于是，露丝最后决定给这批娃娃一个非常动听的名字："芭比"——这也是她女儿的昵称。

第五节　第一个芭比的诞生

> 一个人要实现自己的梦想，最重要的是要具备以下两个条件：勇气和行动。
>
> ——俞敏洪

在这里，我们还要说一说美泰的重要人物杰克·瑞恩，他是设计团队的权威专家。那天，他正要去日本，露丝走进他的办公室，看了看正在忙碌的瑞恩，低头将芭比样品塞进瑞恩的行李箱里，瑞恩放下手中的工作，露出诧异的表情。露丝用信任的目光注视他说："日本那边的机会很多，看看谁能生产我的芭比，整个形体我们负责设计，服装的式样我们也会拿出方案，我们急需一个内行的有商业眼光的制造商。"

露丝很少动情，当说到这儿，她的眼眶有些湿润，她是一个外表坚强、将自己内心封闭得很紧的人，但这一次，她为了她的芭比袒露了心声："这款玩偶完全可以在我们这里制造，但大家都不认同，由于怀疑的人太多，有时就连我本人也想放弃了，瑞恩，你知道吗？"露丝看看瑞恩，顿了顿声音，接着坚定地说："选择到日本，因为那是一个注重生产细节、设计严谨闻名世界的国度，我相信，瑞恩，你会成功！"

尽管露丝认为，在日本生产芭比娃娃有得天独厚的条件，但瑞恩也遇到了麻烦事儿。美泰的设计师们说得没错，要生产露丝想要的娃娃非常困难。事情没有想象的那样简单——当杰克·瑞恩把芭比样品展示给对方时，他们并不感兴趣，他们冷嘲热讽地说："眉毛、眼影的设计太过分了，就像个庸俗的交际女。"瑞恩一连找了好几家公司，都没有得到对方的认同，最终，瑞恩锁定了日本的一家生产公司。

驻日研铸团队抓住机遇，在很短的时间内完善铸造流程，不久，美国美泰本部收到了样品。按照公司的产品品位生产出来的芭比娃娃，简直就像是一个妓女，一个妓女娃娃能得到孩子的喜欢、家长的认同？简直是天方夜谭。

芭比的初次亮相，也是颇费周折。美泰对她的形象不很满意——眼睛太斜，去日本的瑞恩曾反复强调芭比应该有个光滑的乳房，可如今居然有乳头……最后，一直沉默的瑞恩站起来，大家诧异地看着他，他拿起芭比，动手示范，并掏出随身携带的锉刀，'咔嚓'掉了那两个疙瘩，那声音，在屋子里回荡着，仿佛有一种力量在扩展，大家都不说话了，因为从这一举动中，人们感受到了一种必须成功的求索和决心。

芭比必须改头换面，必须重新进行设计，否则，这批产品根本就销售不出去，将会给公司带来巨大的损失。首先，从脸部开始，美泰请来了巴德·韦斯特摩来重新化妆；然后，对那别扭的乳头进行了必要的加工和处理。原有铸模几乎大变样，

处处都做了改动，都需要多次的样品试铸，麻烦的是，研铸团队由美日双方员工组成，语言与文化上的差异成为必须克服的瓶颈，效率上不来，又常出差错……就这样，在重重困难下，工程在向前推进。

重新定位生产出来的芭比，有了很大的变化。新生后的芭比不再是副"克夫相"，相反，整个脸部线条变得圆润生动：她有着美丽的发际，额头在光线下饱满闪亮，嘴唇粉润而有大家闺秀的气质，秀眉弯弯，斜飞着，整个面貌呈现出更多古典的味道，设计精巧的头上，各种发式可以变换。细节的些微改变，看似不大，但效果非常明显，露丝看着自己的作品，就像看着自己的孩子，她笑了。

芭比，露丝梦想与信念的终极寄托，她几乎用全部生命的热忱放在芭比身上。在设计之初，从露丝给她的名字就看出她心中的喜爱与热望——"芭芭拉"，多美的名字！和女儿同名，因为可爱的女儿赋予她追求梦想的灵感与勇气。可是，女儿的名字都被人注册过，女儿的昵称"芭比"没人用，就像上帝专门给她的心爱之物保留的一个高贵的称谓，芭比，我的爱，我的全部生命！

在那段设计芭比娃娃的时间里，露丝几乎所有的心思都放在了芭比身上，整日思量的除了芭比还是芭比，根本就忘记了自己的女儿和家庭，甚至有好几次看到女儿时，情不自禁叫着"芭比"。这让十多岁的芭芭拉很有意见：妈妈，你不要这样，我会难过的，您不能允许一个玩具抢走您对自己女儿的爱！

露丝可没有管这些问题，她唯一想的就是如何生产出让自己满意的芭比娃娃，如果让芭比走进美国的玩具市场，走进孩子们的心中。

芭比来到这个世界，注定充满了磨难，伴随她的不是善意的掌声，而是充满怀疑的目光，非常不理想的销售业绩在露丝的坚持下，才有了今天的样子，难道这条道路天生就是错误的吗？难道我的芭比就这样命运悲惨吗？露丝独自一人的时候，悄悄地问自己。为什么大家都不喜欢"芭比"？露丝不相信自己费尽心血的杰作就这样一文不值地告别世界，她真的很不甘心！现在对于露丝而言，市场才是最具有说服力的，只有让市场来让这些质疑的人信服。

露丝对女孩们是了解的。她制造芭比，就像制造一个梦，也可以说是她内心理想的外观——芭比要成为现代女性形象代言人，她前卫，她时尚，她勇敢，简直就是第二个露丝！她有丰满的身材、款款的细腰、魔鬼的身材，还有阿玛尼、王薇薇、普拉达等大名鼎鼎的设计师的手笔。上千套高品位服装简直令人眼花缭乱，目不暇接。

芭比身上蕴含着丰富的象征意义。"女人喜欢'芭比'的情感内涵很多，最主要的是她们无法变成'芭比'，她们经由手中这个尤物，实现她们潜在的幻想，我要变得苗条、我要永葆美丽、我要做受欢迎的人等等。"《芭比时尚》编辑葛伦·曼多维勒的一番话诠释了附加在芭比身上深刻的人文内涵，这种内涵还有另一种延伸，露丝的成功，蕴含许多平凡人的美好寄托，她从默默无闻到闻名世界，这样富有传奇色彩的

历程本身就散发着巨大的正能量，激励人的斗志，给人以前行、让梦想变成现实的勇气。

这样的评价一语中的："面对周围的反对声，也许身为一个领导者需要的只是多一份坚定。露丝的坚定让世界上多了一个名为芭比的传奇。"格博在自己的文章中对露丝这样概括。

第六节　精美的芭比服饰

如果一个人不知道他要驶向哪个码头，那么任何风都不会是顺风。

——小塞涅卡

让人有些烦恼的是，艾略特和露丝没有达成共识。露丝坚信自己是对的，坚持对芭比娃娃的生产。她同时也意识到一个问题，那就是：艾略特表面上支持妻子，但他内心的成见坚固得像堵墙，他坚信芭比娃娃没有前途，很快就会被淹没在商海的泡沫中。

意识到这个问题后，露丝不再梦想着能说服丈夫了，放弃游说，而是专注于解决芭比娃娃的生产与营销问题，只有拿出过硬的产品和高销售额，才能证明一切。与此同时，露丝在店里给芭比安排了专属的衣橱，以促进芭比的销售。

解决芭比娃娃的研制，才是问题的根本所在。于是，露丝着手研制全新的芭比娃娃，让大众接受。这一年初冬，德国玩具零售商Obletter Spielwaren成为露丝期盼合作的伙伴，尽管他们不单独出售莉莉的服装，露丝还是用真诚的话语打动了他们，向其发售单套娃娃服饰。她订购了好几个美丽的娃娃，她们身上的服装尤其引人注目，淡蓝色的裙子将娃娃的气质衬托得高贵典雅，一身狂欢服让她又洋溢着野性美和自然的魅力。她还特别要了近10套服装，蓝色晚礼服、系带紧身连衫裙，样品很多，样式都没有重复的。

一个月后，在露丝请求下，卡尔·韦伯玩具店又给她邮来十多个莉莉娃娃。

材料都已经全了，就欠"东风"了。露丝长舒了一口气，去请理想的服装设计师，可到哪去找呢？在艾略特的推荐下，露丝找到了洛杉矶乔伊纳德艺术学院的夏洛特·约翰逊，专门为芭比设计各种时尚的服装，让这个娃娃变得更加漂亮，让孩子们更加喜欢这个娃娃。

说起约翰逊，叫他时装设计大师并不为过。他从小就在纽约的服装行业靠自己的双手去奋斗，后来到加州，设计和缝制儿童服装，同时作为时装设计课程老师，在乔伊纳德艺术学院任教。

露丝终于请来了约翰逊，新娃娃有了自己的"美容师"、创造者，约翰逊的一番话语让露丝看到了芭比的未来："芭比穿上美国服装一定很漂亮哦，我要让她将少女们长大的岁月历程直观化，透过服装为她们呈现各种时期的各种经历、各种心情，不同场合穿不同的衣服，有娇艳夺目的盛装，有青

春可人的短裙，芭比，一定会成为现代女性成长过程中的共同符号。"

露丝深深懂得一个道理，芭比的价值就在于那些令人眼花缭乱的服饰，当服饰生产作为一个产业形成后，它的后劲是令人难以想象的，将成为最能给公司带来利润的新项目。

有趣的是，在设计芭比时，只要细心观察，就可见到约翰逊的影子。有人看出来，芭比的头型、头发都和这位真诚的设计者几乎一样。露丝每周都会拿着娃娃去约翰逊的寓所一两次，一起商量娃娃的造型和服装。约翰逊则找了个日本女工，专门缝制样品……好看的芭比娃娃，正逐渐被世界接纳。

一位年长的员工告诉露丝：这些拉链、摁扣、纽扣等都设计得过于麻烦，在美国生产造价太高。听到这种说法，约翰逊毫不犹豫地辞了工作来到日本，与相关人士共同寻找设计灵感，开发适合成熟女人或少女的服装。2年时间，找合适的布料，修改理想的设计方案，摁扣、纽扣及精巧的拉链成为新款设计最抢眼的地方。

露丝比约翰逊大一岁，约翰逊性格很刚强，独立的思想、独到的眼光、独特的个性，使她与眼前的工作融合在一起。在东京，她下榻由弗兰克·劳埃德·赖特设计的帝国饭店里。每周她都要和日本的那位设计师和两位裁缝师碰头6次，毫不留情面地向他们提出一个又一个的要求。

约翰逊的个性和露丝很像，在这时候起到了作用：用浅色的螺纹针织物为娃娃制作内衣，两个无带的文胸、一件短衬裙、一件花裙和一条腰带。任何细节都逃不过她的眼睛，只是为了设计生产出一个符合大众审美的芭比娃娃。

露丝也非常重视细节，她指出细节是芭比与众不同、保证销路的关键。她相信这样的一个芭比出现在世界上，不光给妈妈和女孩们带来惊喜和希望，也会为这个世界增添美好的情愫与温暖的光明。

为什么竞争对手始终无法成功抄袭芭比？也许原因就在这里：他们可以模仿芭比的外形，却永远无法触摸露丝一贯信仰和坚持的高品质，以及来自灵魂深处的那份纯净、自强与高贵。

第七节　芭比娃娃的组装

> 梦想一旦被付诸行动，就会变得神圣。
>
> ——阿·安·普罗克特

还有就是芭比娃娃的组装程序，露丝挑选在日本完成此工作，日本当地的劳动力成本不高，工人勤快、细心，非常适合这类精细化的制作，于是，许多人将材料拿到家庭作坊来进行加工，并且规定按件计酬，工人们通过自己的劳动换取薪水，积极性很高。

组装娃娃的工人很多都是来自日本乡下的农民，他们都利用农闲时间出来打工挣钱。一般而言，在秋收之前，即使薪水很低，他们也愿意干点儿活。可一到8月，要收割水稻，他们就要回到自己的家乡去劳作农活。忙完后，又回到车间加工制作芭比。

美泰效率研究专家乔·康尼查罗对这些裁缝师的耐心和清洁高度赞赏："他们的家是如此干净，因此可在榻榻米地板上做工。当时送货的主要工具是小车，要经过很多次的搬运和挪动，但即使这样繁琐，衣服都是干干净净的。"美泰一方心里清楚，这些都是勤快人，他们质朴，精明，心地厚道，要的劳务费又低，为他们而付35%的进口关税没有遗憾。对于当时的日本人来讲，二战后的复兴，经济需要发展，需要这样的生产以改变经济现状，因此，这是一个双赢的合作。

组装过程就是娃娃诞生的过程，就像一首流动的诗歌，一曲温暖的乐章：机器轰鸣，将金色、棕色的赛纶头发缝制到头上，接着，在头顶上盘成马尾辫，前面的刘海温顺地趴在额头。还有就是四肢的安装了，这很简单，只需将瑞恩设计的胳膊和腿插进娃娃身上就完成工作了。下面是更微细的作业——给娃娃的嘴唇和雪白的虹膜上色，同时，要将她眼神斜视的独特的俏皮效果凸显出来，这一工作有点麻烦，要将娃娃面部的其他部位挡住，然后迅速喷色，要确保其他部位干净无损。

夏洛特·约翰逊的苦心设计没有白白付出，衣服对娃娃来说，穿起来很方便，节省时间，效率高。看看，就要组装好了，俊俏的芭比穿上她的第一套盛装，那是泳装，斑马条纹的式样更让她显得神秘、迷人。

约翰逊与露丝为20世纪50年代美国女孩子们圆了一个又一

个梦，这个梦也是每个女孩子的心中的梦，他们设计的服装，不仅成了女孩们的心爱之物，更成了她们的寄托，甚至可以说是信仰，她们可以梦想穿着婚纱和如意郎君照相，还可以穿着相应的服装去参加足球赛、打球和跳舞，以及带有灯笼袖的宽松睡衣和用于出席晚会的配以纯白色人造毛披肩的礼服。

Barbie

第六章　走向成熟的芭比

Barbie

第一节　翘首以盼的第一次展销会

> 梦想无论怎样模糊，总潜伏在我们心底，使我们的心境永远得不到宁静，直到这些梦想成为事实。

——林语堂

从1903年起，众多的玩具公司遵循着传统，带着新品来参加玩具博览会，大家跃跃欲试，摩拳擦掌，都想为自己的产品在市场上争得一席之地。首届博览会被设在了码头附近，从欧洲远道而来的玩具停在码头附近。当年的展品中，由美国生产的玩具特色鲜明，竞争也最强烈，"胖胖蛋先生"马戏团、千色乐蜡笔、莱昂火车和泰迪熊等纷纷登场，让人眼花缭乱。

1958年，美泰公司获得了生产芭比的专利权。1959年，第一个芭比娃娃诞生了。芭比诞生后不久，就恰逢一年一度的国际玩具交易展在曼哈顿中城的玩具中心揭幕，这是全世界玩具订货商的节日，虽然天气寒冷，但那聚会热闹的场面和大家参展的兴致丝毫不减。

第五大道200号中心是此次聚会的核心场所之一，那里充满了传奇，是玩具制造史上浓墨重彩的地方，20世纪初诞生于此，第一次世界大战结束后，商户们纷纷入驻，规模越来越大，世界玩具制造业的中心就这样"飞"到了美国。

露丝当然不会错过这个千载难逢的机会，而且，她早就在等待这个机会，好让她的芭比娃娃亮相，并获得人们的肯定。露丝风风火火到达纽约，直奔住所，她异想天开，客房摇身一变成了展厅。许多玩具公司也带着自己的"拿手武器"涌入展区附近的宾馆。楼道里满是人，为了给露丝和这些玩具公司精美的娃娃腾出房间，许多工作人员将屋子里的大件都挪出去了。

露丝的精心设计别具一格，她在房间里挂上一面面大大的窗帘，然后用人工照明从不同的角度突出每一款展品的独到之处，没有情怀和理念的人，怎会有这样精巧的构思呢?朦胧的灯光下，一节白色楼梯向下延伸，精巧楼梯，连扶手都设计得惟妙惟肖，做工非常精细，让人如梦如幻，沉浸在深深的幽静之中。一个光彩夺目的娃娃亭亭玉立在台阶上。白色婚纱显得那样纯净，宽宽的裙摆让人心生怜爱，散落的裙摆衬托出一种华贵之美，娃娃的面纱罩住了她的面颊，金黄色的头发是那样光滑、光亮，娃娃抱着一大捧鲜花，就像刚从外面回来的邻家女孩，又像马上去赴盛宴的高贵女人。她站在那里，好像靠脚尖保持平衡，实际上，每只脚上都有小柱子，将其固定在上面。

屋内并不寂寞，另外21个娃娃也是各领风骚，穿着的服装抬眼望去就好像绽放的一片百花园，姹紫嫣红，让人动容——

有穿吊带衫和戴帽子的女孩，她在等谁呢?

有穿泳装和戴微型太阳镜的女孩，她在朝谁微笑呢?

有戴耳环和穿露脚趾袖珍鞋的女孩，她日有所思，在想什么呢？

露丝是个有心人，她用自己的智慧与汗水为这些心爱的娃娃搭建了临时的家园。在玩具博览会上，她抢早租下了最佳展位，她还在不远处租下一个酒店套间，将里面变成一个私密的展室，专门接待那些诚意合作的分销商。露丝坐在那里，心潮澎湃，她等待着不可知的未来，等待着延续自己的梦想，等待上帝来宣判这些娃娃的命运。

1959年3月9日，露丝早早就起来了，梳洗打扮之后，她在屋子里走来走去，心中忐忑着，有担忧，有期待，她检查和调整这些展品的摆放位置和光线的角度，她想起了这些年，为了这个梦想，自己和这个团队所付出的艰辛和努力，这些都像一幕幕的电影画面，从她的心头掠过。

作为公司的创建者，露丝在这个很少有女性从事的行业里，她的才能、睿智与眼光，同样获得男性同行的尊重和肯定。但是她从未发明或设计过玩具，同时和其他领导者一样，她有时也会盲目乐观，并且不能容忍失败。虽然公司的玩具设计师们已经多次警告过她，这个娃娃不可能盈利，但她还是坚持推出了这一产品，尽管露丝对自己的芭比娃娃充满了自信，但在面临市场检验的时候，她还是有些烦躁不安。

她一支接一支地吸着烟，大声地发号施令，并且不停地拍打尘土，时不时地还冒出几句脏话。她的这种坚持背后还有一个个人原因，因为这些玩具对她来说尤为重要，这次展销会对她和公司来讲都非常重要。在她心里，这个娃娃不单单是个玩具，这个小小的塑料玩具将会是小女孩生活中不可或缺的成员，她要通过这次展销会告诉这些采购商。

博览会上热闹非凡，既有马戏团的喧闹，又有百老汇演出时的狂热，还有玩具公司为尽展文化时代精髓而展开的激烈竞争，简直就是展示创新、设计、天才灵感的一次盛典。

第二节　博览会上的"失败"

> 失败也是我需要的，它和成功对我一样有价值。
>
> ——爱迪生

博览会之前，媒体并没有看好露丝的娃娃，因为，1959年，恰逢美国正在到处宣传"登月计划"，当时美国正在进行太空实验，美国人满脑子都是"太空时代"，这种不看好甚至变成了一种变相的歧视，媒体没有给芭比娃娃一点报道，更不要说大肆的宣传，这让芭比成为一个孤独的女孩。到处都是关于太空的新闻报道。商家们也借此机会，大肆推出跟太空有关的玩具，挤进这个充满空前利润的暴利行列。

走进任何一个展厅，随处可见这些产品，因此，那些飞船、火箭、宇航员的模型成为本次展销会上最热门的抢手商品。而另一旁的"芭比"，她们就像失恋后的伤心女孩，一个个凄凉地站在镁光灯下，几乎没有客户前来过问，有几个人走过来看，但脸上都带有惊讶甚至不屑一顾的神态。

时间一天天过去了，订单寥寥无几，这给露丝带来了沉重的压力。一向非常沉着的露丝，也掩饰不住自己的焦虑和担心。

不过露丝还在等待最后一线希望，因为在展销会的最后一天，她的一位最重要的客户将来到这间私密展室和她见面，那人是美国最大的百货连锁店西尔斯的进货主管。西尔斯的数千家门店是鼎鼎有名的，甚至对玩具市场有着巨大的影响，掌握着许多款式玩具的命运。这是可怜的芭比娃娃最后的希望了。

终于，这个大人物光临的时刻到了。露丝满面笑容地迎了上去，亲切地握手、热烈地拥抱，她使出了浑身解数向来客一一讲解"芭比娃娃"的定位、设计、细节，最后，里间深蓝色的帷幕徐徐拉开，中间摆放了一座限量版的芭比婚纱造型，聚光灯下，芭比像个骄傲的公主，一身洁白的拖地裙铺洒在圆弧形的楼梯上，宝石在芭比的头冠上、婚纱上闪闪发光。

露丝把芭比所有的优点毫无遗漏地展现给这位尊贵的客人，迫不及待地等待这位客人开口，她的心几乎跳到了喉咙口。"No！"一个声音就像一颗子弹，穿透了露丝的心脏，她顿时站在那里傻了，全身冰凉，注视这位客人傲慢地离去，坚强的露丝再也控制不住自己了，眼泪肆无忌惮地滑落，仿佛倾泻了这些时日所有的委屈……

兵败如山倒，最后的希望破灭，露丝的冒险行动最终以纽约国际玩具交易展的全线败北而告终。这意味着露丝一意孤行

所带来的惨重后果，将影响到她以后在公司里的地位、决策。

露丝回到了洛杉矶的办公室。她终于屈服了：芭比是个没人要的孩子，她从此要尘封在露丝痛苦的记忆中了……什么"每个小女孩心里都藏着一个大女孩"，那都是痴人说梦。这是一个现实的世界，这是一个功利的世界，所有的梦想和坚持，在商业规则面前，几乎一文不值，露丝伤心欲绝，她拿起电话，说出了她最不愿意说的一句话：停止生产……

第三节　芭比娃娃的第一次转机

上天给人一份困难时，同时也给人一份智慧。

——雨果

露丝处在一片悲伤当中，公司上下也对这次失败感到无比悲伤，订单寥寥无几。但是，悲伤是不能解决问题的，需要走出这个困境，及时挽救损失，同时需要用新的产品弥补这些冒险行动所带来的损失。

露丝是一个非常坚强的人，不会被一次挫折而吓倒，她很快就走出悲伤，及时调整生产线，停止芭比的一切生产，回到以前中规中矩的状态中。正当露丝从弥漫的梦幻里重返现实的时候，一个天大的转机却不期而遇，改变了一切。

一次，艾略特上气不接下气地跑进办公室，兴奋地说："露丝，露丝，我们全错了，我们没有失败，芭比获得了全部成功，芭比娃娃的订单铺天盖地像雪花一样地飘进来啦！"

对于这个曾经梦寐以求的回答，露丝有点不相信，是不是艾略特脑子什么地方出了问题，说起梦话来了？展销会都没有订单，现在可能有订单吗？

露丝不相信，但艾略特却坚定地告诉她这个答案，一切都是真的。

原来，国际玩具交易展期间没有任何一个关于芭比娃娃的广告，在国际玩具交易展结束后，芭比娃娃的媒体广告才被投放。当各地的小女孩和年轻妈妈们在电视、报纸上看到了芭比娃娃的广告，一下子就喜欢上了这个可爱的玩具，即刻蜂拥地到玩具店去抢购，但遗憾的是，很多商店都没有这个产品销售。这个疯狂购买芭比娃娃的局面让很多经销商都傻了眼，因为，大部分分销商都没有在展会上预订芭比娃娃，他们的店里根本就没有货。市场的眼睛是雪亮的，在强大的市场购买力面前，那些所谓高明的分销商都傻了，他们做梦也想不到在太空玩具盛行的当下，一个小小的破娃娃扇给了他们一记响亮的大耳光，让他们错失了一个赚钱的好机会，而那些首批订购芭比娃娃的经销商则赚得不亦乐乎。

芭比终于获得人们的接受，露丝也成功了。露丝终于长长地松了一口气，连日来紧绷的脸终于有了笑颜，自己远见的决策和果断收到了效果，也给公司的发展带来了巨大的利润。她在办公室凝视着窗外，手里拿着前几天还陷入厄运的芭比娃娃，向地平线上望去。世界真会开玩笑，这也许就是绝处逢生吧。黎明前的黑暗是最黑的，一个人只要坚持，就会迎来希望的那一天！

雪片一样的订单，让露丝应接不暇，货物很快就全部发了出去。工厂也马不停蹄地开始运转加工，大家都在责怪当初为什么从展销会回来就让机器停止运作，否则，现在也不会出现如此状态。

露丝的坚持赢得了成功，一个个充满灵气、魔力十足的小"芭比"站在销售柜台里，受到了孩子们的喜欢。露丝猜得没错，芭比的迷人气质击中了一个个小女孩们的心，第一年就有35万个"芭比"飞往远方。

无穷无尽的市场需求，让经销商们都傻眼了，订单如雪片般飞到美泰。公司用了几年时间才满足市场需求，10年里，公众购买芭比的金额达到了5亿美元。芭比越来越走进普通家庭，成为一种时尚和必须。有人做过调查，一个11岁的美国小女孩可能拥有过10个芭比娃娃，同龄的法国小女孩则拥有5个。由此可见，当初露丝的坚持是多么正确，孩子们多么需要这样的娃娃来陪伴自己充满童话般的童年生活。

芭比在美国玩具博览会上首次亮相，让芭比娃娃走入人们的视野、开启一个时代的玩具新纪元。正是这一次成功，改变了露丝的一生，芭比娃娃迎来了自己的世界。几十年过去了，芭比娃娃变成了名副其实的骄傲公主；美泰公司由此成为世界上最大的玩具公司；美泰公司成功上市；芭比让露丝成为世界500强里的第一位女CEO；芭比的销售额经久不衰，如今每秒钟就有3个芭比娃娃被顾客买走；芭比是历史上最有名、销量最大的一件玩具；芭比遍布了150多个国家和地区；芭比参加选美、奥运、宇航……

"对女孩们而言，无论年纪，芭比不只是个娃娃，她已经成为她们的一部分。"成功的露丝看着自己的杰作，由衷地说。

第四节　轰动的芭比

> 一个人可以非常清贫、困顿、低微，但是不可以没有梦想。只要梦想一天，只要梦想存在一天，就可以改变自己的处境。
>
> ——奥普拉

1959年3月，博览会结束后，芭比的电视广告才被播出。广告中的芭比不像是个玩具，更像是个少女时装模特。这对于玩具广告来说，简直就是前所未有的事情。在60秒的广告中，观众看到的塑料玩具就像是个真人芭比，一个会游泳、唱歌、参加派对、有着不同服饰的女孩。整个过程中，只有一次芭比被称为"玩具"。卡森·罗伯茨广告公司就是将芭比当作模特来看待的，同时也在为蜜丝佛陀化妆品公司代言。

施耐德写道："没有哪个化妆品或者头发护理广告如此强

调细节以及拍摄时的效果。通常，即使为一个漂亮的女人拍特写镜头都会很难，何况是当模特的头只有鹌鹑蛋那么大小的时候。但为了让芭比在聚光灯下和镜头前都看起来光彩照人，卡森·罗伯茨广告公司动了不少脑筋。"

为了让娃娃的头不至于在灯光下熔化，他们前一天晚上就将其冷冻起来。拍摄过程中，发型师和时装设计师随时侍候两旁，以备给娃娃补装。就连广告中所用的音乐都是卡森·罗伯茨特意请人按照20世纪50年代流行的康尼·弗朗西斯风格的抒情音乐制作的，所用歌词则恰如其分地体现了美泰的销售口号："有朝一日，我也会和你一样，知道自己要做什么……芭比，芭比，美丽的芭比，我要把自己当成你！"

尽管芭比的电视广告已经遍布全国，毕竟她还没有上架，需求不会很大。这次美泰采用的新销售策略失败了，对手们看到芭比的出师不利却是幸灾乐祸。据一个在芭比被推出之前，加盟一家较小的玩具公司的美泰员工回忆，他曾听到公司总裁的妻子说："美泰的疯狂简直让人难以置信，他们竟然在电视上劝妈妈们给孩子买看上去像妓女的娃娃。"持有类似观点的人，美泰内部也是大有人在，只是他们闭口不谈。

然而，当学校开始放暑假的时候，美泰接到了玩具采购商的电话，说是要订购芭比娃娃，露丝感到"打嗝枪"的历史又要重演了。玩具博览会后，露丝对于给日本制造商的订单一直都很保守。她说："在玩具行业里，成败的关键在于所做的预测是否准确，由于产品交货期一般很长，先期的承诺将会关系到生产或发货的数量以及最后是否会把货砸在手里。"露丝当然想尽量避免压货。

　　然而，电视广告的开播、突然到来的暑假及芭比的与众不同都促使着女孩们纷纷缠着妈妈去买芭比，"行业里对芭比的需求突然猛涨"。那些在博览会上对芭比无动于衷的采购商们现在也争相订购——正如露丝所设想的那样，小女孩们都盼着长成大姑娘，很快芭比将销遍全球，成为世界上卖得最好的玩具娃娃，并且跻身于有史以来最畅销的玩具行列。

　　随着成千上万的娃娃被卖出去，母亲们也开始做出妥协。一位母亲曾写道："以前她就是个假小子，现在我却能让她洗脸和梳头了。"无疑，芭比娃娃成了很多母亲教育孩子的一种方式和手段，这也说明露丝一直秉持"芭比芭比我就是你"的观点得到了认可，这种潜移默化的教育理念发生了作用。露丝颇具争议的创意、迪希特独特的视角以及卡森·罗伯茨很有新意的广告最后都得到了应有的认可。

　　芭比获得了巨大的成功，也得到了小孩和家长的认可，这是露丝当初设计芭比娃娃最初的梦想。

芭比娃娃的秘密档案

和创造世界名牌的人

一起放飞梦想

Let the dream fly

第五节 在批判和否定中走向成熟

> 人生的成败不在于抓到好的牌，而在于
> 怎样出好手中的牌。
>
> ——梅顿

　　作为市场品牌，"芭比"的独到之处就是她身上凝聚了许多梦想和信念，这通过数百万的成年女性购买芭比的现实就可以解读清楚，年纪不是问题，每个女人都有梦，芭比成为女人们生命和梦想的一个组成部分。芭比的收藏者更是不分男女，很多男性也加入收藏行列。据有关资料显示，一个在1959年标价3美元的芭比娃娃，如果保存完好，现在可能会值5000美元。出现这样的现象，连露丝都是始料未及的。

　　虽然受到了广泛欢迎，但批评声也没有停止过。批评最主要集中在一点：儿童会视"芭比娃娃"为模范对象，而且会尝试模仿她。有一家女性组织就这样发文论述过，芭比有点儿太"性感"了，她的"完美"会伤害她们的尊严，使女孩子们对自己感到自卑，她不仅没有解放女人的自主意识和创新能力，而且对妇女起到了压抑的作用，这太可怕了。露丝却相信她们只是杞人忧天，她要用时间和事实去证明一切。

　　针对芭比，一浪又一浪的批评涌来，下一个批评是芭比的身体形象，女人盲目追求，会导致模仿者患上厌食症。因为要与芭比的身材一致，那就意味着你要达到如下标准：7英尺2英寸高，重115至130磅，臀围30至36英寸，腰围18至23英寸，胸围38至48英寸……

不光在欧美，在其他国家芭比也遭遇了不公待遇。2003年，中东某国禁止出售芭比，认为其违背伊斯兰教的思想："裸露的衣着和挑逗的姿势，这个犹太芭比非常可怕，是堕落的象征，蕴含着巨大的危险性，每个人都要小心谨慎。"

在这些意见当中，美国民主党国会议员杰夫·艾尔德里奇的建议是最有代表性的。他说，这类玩具对女孩的成长不利。"芭比娃娃"会潜移默化地让小女孩们接受主要的信息：美丽的外表排在第一，而发展智力和学习知识则排在后面。艾尔德里奇同时也表态，这种看法可能会遭到嘲笑和反对，认为他过于保守和迂腐，但他还是要坚持自己的行动——向美国参议院法律委员会提交了禁止销售这类玩具的草案。

"芭比"不是一个像这些人说的仅能做摆设的花瓶，她是一个职业妇女，是现实人生中现实女性的缩影。露丝设计的"芭比"种类繁多，身份也可以多样化的，医生是芭比、宇航员是芭比、女企业家是芭比、女警官是芭比……每个女人都有权利向往芭比，芭比也可以是每个女人，这就是芭比来到这个世界的社会意义。据了解，如今芭比已经拥有80种职业；代言了45个民族；她的宠物也超过了40种，"舞蹈家"是她的宠物；"肯"是她的男友；她也有三个姊妹相伴，分别是1964年亮相的巧比、1992年横空出世的史黛西及1995年脱颖而出的小

凯莉。

1964年，对美泰来讲是重要的一年。"莉莉"版权被美泰取得后，"莉莉"停产。首个芭比娃娃的造型是这样的：马尾辫，编得那样精细，黑白斑马纹泳装，显现出时尚的魅力和青春的活力，披着金发及深褐色头发。开始，芭比被称为"青年时装模特儿"，她的衣服由美泰的时装设计师夏洛特·约翰逊设计。

无论怎样，露丝的坚持赢得了成功，"芭比"成为玩偶领域出现的第一个鲜活的真实女人形象。"芭比"的独特设计和身上洋溢着的成熟美，颠覆了小女孩们的传统保守的视觉感和审美观，"芭比"成为她们瞭望梦想和俯瞰未来人生的通道和途径，"芭比"成为每一个小女孩的人生知己和精神伴侣，一起感受着成人世界的喜怒哀乐。无论身份如何，这些都不重要了，芭比富有魔力的神奇魅力和崭新形象激发了一颗颗心灵的丰富想象力，她们渴盼成长，她们渴盼能像芭比那样，用极富热力的光彩，去照亮自己未知的前程。

尽管有这样多的质疑，但这些并没有阻挡芭比的销售，更没有阻挡小孩子们喜欢这个可爱的玩具。如今，50多年过去了，芭比还是那样动人，她历经了约几百次的大小手术，变得更加完美，更加超凡脱俗。每年总有100款的新装被设计并推广到市场，从1959年至今，属于她的衣服就有10亿件以上。芭比在某种意义上已经不是玩具了，而是人类玩具发展史上一个打动人心的闪亮的标志。流行大师安迪·沃霍的目光停在她身上，她是美国女性的一个具象化的总结和缩影，是蒙娜丽莎的现代版，就连以学术为中心的各个学院，也都开始关注整个现象，他们称之为"芭比现象"。

芭比娃娃，傲视世界数十年，活力不减。在这个小小的玩偶身上，承担了露丝的梦想，也承担了许许多多女人的向往和期待，她的坚忍、她的自信、她的美丽、她的传奇，又都和露丝的真实经历联系在一起，这些都激起了女孩子们热爱生活、追求个性价值的热情——创造这个品牌的露丝，她用自己的汗水和泪水，给全世界的女性寄托了一个巨大的温暖的人间梦。

第六节　为品牌而奋斗

> 停止奋斗，生命也就停止了。
>
> ——卡莱尔

"芭比是因为爱和梦想而诞生。"露丝说出这句话的时候，心中感慨万分，因为只有她自己清楚，她与芭比的缘分来之不易。"好在我懂销售，所以赢得了市场。"对于芭比的成功，一位专家十分中肯地评价："赋予玩具以灵魂和文化，做女人梦想的代言人，美泰公司是成功的，因为他运用了文化先行的概念，所以在很多消费者的心目中，他们买的不光是个玩具娃娃，还是一个遥远的梦想，流逝的记忆，玫瑰般美丽的未来。"

"芭比，美丽的芭比，我希望我就是你。"1959年，美泰公司为芭比设计了广告歌词，一时流传甚广。这也正是美泰公司一直坚持的追求和价值观。美泰公司为推销芭比、营造品牌策划了大量的活动，都取得了非常好的效果，原来可怜兮兮的小芭比，曾经人们眼中不值一提的玩具娃娃，如今却是一个大红大紫的玩具明星，令人称奇的是，这个品牌的效应持续了50多年，玩具明星史奴比、维尼熊等玩偶都对她望而生畏。"芭比"成为女孩子们心中不变的偶像、永恒的迷恋。

芭比品牌取胜的关键点不在别处，而是她的内涵和文化气质。美泰公司广告宣传、名人效应、运营管理等，都是按照常规来操作的，只是芭比更像个活生生的女人，更像一个就生活在我们身边的勇敢、美丽的女孩，她身上有一种独特的人格魅力，她或许是露丝的化身，或许是灰姑娘的港湾，或许是丑小鸭的梦想……芭比曾占有美国高达12%的玩具市场。

如今，芭比长大了，虽然她的身形还是个娃娃的样子，但她的品牌魅力形成了巨大的冲击力，变成生产力，一大批延伸产品应运而生：芭比服饰、芭比化妆品、芭比图书、芭比动漫、芭比珠宝……芭比就像一束秋日的阳光，透明、灿烂、清澈，不仅引领更多商家和企业在商海中淘金，也引领他们在自己的品牌上下功夫，往内涵的拓展上做文章，从文化的高度做企业。

芭比，神奇的芭比，为世界传递正能量。

第七节　日益凸显的家庭矛盾

困苦能孕育灵魂和精神的力量。

——雨果

露丝公司获得了巨大的成功，但家庭矛盾也逐渐显露出来。由于长期大量精力投放到公司和芭比的设计、生产、销售上，忽视对芭芭拉的感情投入，以至于让芭芭拉误认为芭比才是妈妈的女儿。

一次吃饭的时候，由于一点小矛盾，芭芭拉居然冲着露丝大吼："你为什么就不能像其他人的妈妈那样关爱自己的孩子？"然后旋风般地离开了餐桌，这种情景已经不是第一次出现了。虽然露丝夫妇规定就餐时间一家人必须聚在一起吃饭，可也不能命令吃饭时必须有什么样的情绪。

芭芭拉的反感和愤怒，其实只不过是她少女生活不正常、被扭曲的又一种表述，她需要母亲，需要母亲和自己交流。她告诉露丝，她宁愿住在附近一位亲戚家里，也不愿住在自己的家里。尽管他们的房子很普通，是常见的普通美国中产家庭居住的，可少女芭芭拉并不知道，她所渴望的普通中产家庭，在某种意义上，就是她所谓的问题的组成部分。那些中产家庭里充满着美泰生产的各种玩具，正是他们成就了她父母的富裕，让芭芭拉觉得自己是如此的不同于她的同龄伙伴。

20世纪40年代末及50年代初，美泰业务迅猛发展，公司规模日益壮大，先后曾5次迁址。自1948年开始，露丝担任美泰公司执行副总裁，一言一行都注意不去触犯男性的统治地位，毕竟那是个男性主宰的社会。在公司里，艾略特担任总裁，露丝是副总裁，但实际上，露丝才是真正的总裁。

露丝对生意投入的时间越来越多，芭芭拉的抗议声也越来越大。她回忆说："噢，幼年的我对母亲做生意真是深恶痛绝，后来十几岁了，还是很讨厌这个事实。别忘了，那个时代的妇女只有迫不得已时才会外出做工。我过去总觉得母亲说话时嗓门儿大得像个男人，特丑。我那些朋友的妈妈大部分时间都会在家。我总是想我们为什么会这么怪异呢？我不想我的妈妈跟别人的妈妈有什么不一样的地方。"芭芭拉的抱怨、指责，常让露丝在夜间泪湿枕巾，伤心不已。

女儿的排斥、疏离让她束手无策，无计可施，但是，女儿需要她，公司也需要她，如果公司没有她的设计和营销，那是不堪设想的。当初第一次创业时，自己因为怀孕并随时可能流产，不得不从公司退下来，结果，没有露丝参与经营，公司很快就每况愈下，不得不与人合伙，结果，最终被别人挤出公司，低价卖出了自己的股权。尽管女儿不断吵闹，但是露丝还是投入大量时间在公司上，全力设计和推销芭比娃娃。总有一天，女儿会理解自己的。

露丝从不循规蹈矩。她与许多男性共事，这就使她成了其他女人茶余饭后闲聊的对象。她知道这一点，但对此表示不介意。如果她们憎恶她的权力与能力，那是她们的问题。她认为自己与那些就知道一个接一个生孩子的家庭妇女没有任何共同之处。她们成天谈论的就是孩子、保姆、服饰、美容，诸如此类的话题，在露丝看来"那是世上最无聊的了，而我也没法跟她们讨论生意方面的话题。我的世界里就只有生意，除了生意，还是生意。不聊生意，我都不知道该和她们说些什么。我从来就不太会跟别人聊我的孩子，也受不了听别人聊他们的孩子。"

露丝一生大部分时间都是孤独的，很少与人亲近。她承认自己偶尔也渴望拥有朋友，渴望有个人与自己说说心里话。但是，她总是出于某种目的才与人交往，交往的对象也都如她自己一般卓尔不群。孩子年幼时，露丝仅交了一个朋友，是个名叫特鲁迪的女子，周围人对她避之不及。露丝回忆说："别人是怎么看特鲁迪都不对劲儿，可我就欣赏她那种离经叛道、不同凡响的类型。虽然不完美，浑身上下都是缺点，可我就喜欢那样的人，我和她走得很近，关系非常密切。"

特鲁迪身上找不到一点所谓传统淑女的风范，她整日与男人调情，言语粗俗，说起话来百无禁忌。正是这样的特鲁迪深深地吸引着露丝。"她对什么事儿都是一副满不在乎的样子。"露丝觉得与特鲁迪在一起，她才能活出真实的自我。

露丝一生追求真我，从不受任何传统的束缚，这种精神让她在创建美泰的那些岁月里总是干劲十足，勇于冒险尝试。既然选择做个异类，就听从内心的呼唤，活出自己的真我。她努力工作着，推动美泰不断向前发展，这过程越来越让她激动、

兴奋、渴望。

芭芭拉现在上学了，完全是个被宠坏的孩子，性情变得越来越好斗。他们家从前有个钟点保姆说她就是个难缠的"捣蛋鬼"，很难哄睡着。她母亲也总是冷冰冰的，态度很傲慢。"给哪家看孩子我和主家的关系都处得很好，可我就是不喜欢去他们家。露丝很自以为是，总是一副自己天下第一的腔调，非常令人讨厌；艾略特正相反，唯唯诺诺，典型的惧内男。"

有一次，露丝夫妇的朋友西摩·格林在他们家过夜，芭芭拉把一只猫藏在他床单下。芭芭拉回忆说："他气得满大街地追我，我那时真是个讨人厌的小毛孩。可我并不认为有哪个孩子天生如此；我想我那时只是想表达自己被父母忽视的气恼。"

露丝的文件里夹着一角碎纸片，上面工工整整地写着几行字，明显是个小女孩的笔记："你要是个好妈妈，你就会补偿我，哄我入睡，给我掖被角；假如你是个好妈妈的话。"芭芭拉渴望的却是露丝给不了的。露丝努力地想要扮演好芭芭拉心目中温柔、充满爱心的妈妈，可她的每一次努力都会引发一场母女间的口角大战。

Barbie

第七章　用心创造辉煌

Barbie

第一节　学习管理技术

> 未来的文盲不再是目不识丁的人，而是没有学会怎样学习的人。
>
> ——阿尔温·托夫勒

公司在不断发展壮大，已经不是开始时的小企业，而是一个现代化的集团公司。露丝也很清楚自己面对的是一个庞大的企业，需要全力以赴地投入工作，同时还得努力提高个人的业务技能。

早在1957年，大卫·门肯就给露丝提出建议，到专门的管理学院进修现代化的管理经验，提高自己的管理能力，使自己更具有预测力和经营能力，把公司做大做强。

美泰的快速发展让身为总经理的门肯多少有些担心，他觉得艾略特一味地扩大生产线，这样做超过了美泰的实际能力。但当他向露丝提起此事时，露丝却不以为然。他还向露丝提议：公司应该进一步做好部门协调，建立起行之有效的监管机制。对此，露丝也似乎是一头雾水。于是，他建议露丝去接受一些正规的商业培训，并且指出：这样做对她个人和公司都会有很大助益。在他的推荐下，露丝报名参加了加州大学洛杉矶分校的企业经理人课程班。

第一天去上课，露丝就发现班上的其他50名学生全部是男性，就她一个人是女性。这些学员都是著名企业的总裁、执行副总裁或董事会主席。露丝坐在这群人当中，总感到很不自在，她相信其他人一定都受过正规的商业教育，而她却没有。露丝后来说："我感到很自卑，又不敢表现出来，起初的时候实在很难。和那些人在一起，听着他们高谈阔论企业管理，我觉得自己太孤陋寡闻了。"

露丝这种不自在的状况没有持续多久，很快露丝就找回了属于她自己的自信。原来，露丝读了有关管理理论的书籍，了解到她过去一直凭直觉在做的事情背后的正规理论，尽管自己没有学过管理学，但一直都是按照科学的管理模式在进行，今天的学习只不过做了一个印证和检验而已。

露丝还从学校图书馆借来书看，觉得这里有着无穷无尽的自己需要的思想。渐渐地，她的不安开始消失，她意识到其他学生受过很多教育，但他们的商场经验却不如自己多，他们大都不是企业家，只是受雇经营原有企业的经理人。

露丝后来回忆说："他们接受的是学校里的教育，并不真正了解外面的世界，而我却知道，因为我在那里打拼过，体验过。" 这就是露丝为什么有一种商业直觉，为什么能够从中抓住很多人看不到、抓不住的东西，原因就在于露丝从小在店里打工所练就的一种能力。

有一次，在介绍员工管理过程中会面临的挑战时，教授讲了一个案例：一个女员工坐办公室坐了十几年，她对公司非常熟悉，对于客户和公司的历史也了如指掌，她知道要到哪里找什么。新来的员工总是找她帮忙，可她却态度恶劣。她还经常拒绝执行上级的命令和要求，理由是公司从没这样做过。然后，教授总结说，她是个很难管理的人，同时又拒绝变化。最后他问大家该怎样对待这样一名员工。

教授在班里绕了一圈，让每位学生都发表见解。有人说"我会找她谈谈"；有人说"我会劝告她"；也有人说"我会让人事部门去做她的工作"。听到这些不着边际的答案，一旁的露丝早已听得不耐烦，当教授问到她时，她毫不客气地说了一句："我不出一个小时就把那个混蛋给开除了。"这个回答让教授满意地笑了。这一案例和露丝的回答后来成为管理的一段佳话。多年以后，刚刚毕业的学生见到露丝时还告诉她，她的故事仍在学校里流传。

一天晚上，露丝拿了一本有关组织理论的书回家，一个人坐在客厅研读。她将书中每个章节里她认为有价值的内容都单独记在一张纸上，这是她后来沿用了一生的学习和记忆方法，她重点关注那些有助于美泰改进管理和经营模式的信息和理论。她惊讶地了解到：如果有人妨碍她执行监管，她的目标就不可能实现；如果有经理不听话，整个运营计划的实施也会受到影响。对露丝来说，门肯就是这样一个人：他坚持要人事部、财会部、生产部和工程部都要向他汇报工作，而露丝则只能接受营销部和门肯的汇报。露丝后来说："事事都由一个'总经理'汇报，我就没法亲自了解各部门的情况，也就没法正常工作。"

她想要从门肯手里将一些部门接管过来，但是越往下

第七章　用心创造辉煌

123

读，她就越觉得仅凭职权来削减门肯的权力有些不妥，门肯会提出反对，而且如果他还继续留在公司的话，他不仅不能恪尽职守，反而会给公司带来不利。于是，露丝重新为美泰绘制了组织机构图。依照新的规定，人事部、财会部、生产部、营销部和其他一些部门都直接对她负责。她还制定了一些下属机构要向各自所属部门汇报的制度，研发、设计和工程部则对艾略特负责。她通过点线标记，标记出这些部门和她之间的隶属关系。整个机构图中都没有门肯的位置，她认为到了该让他走人的时候了。

第二天艾略特早上醒来，露丝就将他拉到桌旁，让他坐下，拿出自己刚刚绘制的组织机构图给他看，并且告诉他：必须解雇门肯。艾略特没有马上同意，而是先仔细看了看那张图纸。露丝后来说："这个决定很难，门肯是个好人，很有头脑，也很忠心，工作做得也很好，我非常喜欢他，但我们只能这么做。也许有人会说我很强硬，但我想该强硬的时候我就得强硬。当时的我就是这样，而且后来证实我的决定是正确的。"在那以后，整个美泰都归露丝一个人管理。

第二节　在逆境中前行

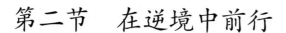

人在逆境里比在顺境里更能坚强不屈。

——雨果

1959年12月，就在美泰准备乔迁新址之前，露丝一下子大方起来，她启动了一项慈善项目，每年给洛杉矶警察局提供玩具，让他们挨门挨户地送给当地的贫困家庭。《洛杉矶时报》同意进行跟踪采访并拍照。看到孩子们见到装扮成圣诞老人的警察时露出的笑脸，露丝由衷地感到高兴。

露丝将公共服务视为一种生活方式，她说："我们从小就接受了这方面的教育，那是犹太人的一个传统。"在1962年至1967年期间，他们将手中的股票慷慨地馈赠了亲属，还有一部分作为善款捐给了美国希望之城国家医学中心、犹太联合福利基金会、"以赛亚"犹太教堂和加州大学洛杉矶分校和其他慈善机构。

1967年，以色列发动战争。尽管时任美泰总裁的露丝已是忙得不可开交，但她还是忙里偷闲给当地的犹太联合福利基金会负责人打电话，自告奋勇提供帮助。在那之前她也曾向该协会慷慨解囊。对方邀请她立即到协会在佛蒙特大街的办事处面谈。

在那里，露丝得知办事处现在电话不断，都是打听情况或提供援助的。但办事处人手不够，根本无暇接电话。对方因此请她出面帮忙。该负责人对她说："帮帮忙吧，这样我们才能腾出身来工作。"他为露丝安排了一个工作的去处，然后露丝就投入了工作。据露丝后来说，"那是件很重要也很繁杂的工作，但我已经习惯了做这些事情。"她制定了接受捐款的标准，安排专人筛查和接听电话。没过几天，那里的工作就恢复了正常。露丝后来说："那就是我所说的公共服务，我为能为他人做些事情感到荣幸。"

然而，让露丝高兴的事情还不止这一件。加强了对公司的管理后，她为自己组建了一支由一群能干的副总裁组成的队伍。其中包括负责营销的克利福德·雅可布、负责运营的西摩·阿德勒、负责劳资关系的罗伯特·米歇尔，以及主管设计工作的泰德·霍洛维茨，还有那个行事草率但却很有头脑的怪才杰克·瑞恩。艾略特还是名义上的总裁，露丝除了担任美泰的执行副总裁外，还取得了一个在玩具协会里的头衔。

当冈德玩具公司的阿贝·斯威德穗林宣布她为玩具协会第一位女董事时，他脸上流露出的骄傲神情让露丝终生难忘；第二年，他又骄傲地宣布露丝当选该协会的第一任女副主席。然而，令露丝没有想到的是，与此同时，该协会又宣布任命另一名副主席——一位男士，这在玩具协会的历史上也是史无前例的一次。

按照传统，玩具协会副主席以后会继任主席之职，"他们不敢让我成为主席，"露丝后来说，"因为他们没有那个勇气。"对于这种怠慢，露丝承认自己很是恼火，但同时她也为自己作为第一个当选该职的女性而感到骄傲。她发现董事会会议很有趣，也很刺激，尽管她也感觉到了周围对女性的歧视，但还是慢慢习惯了周围都是男士的工作氛围。

她说："那时候，对于女性来说，存在的不是玻璃天花板，而是混凝土天花板。各种各样的阻挠无处不在，有无数个例子让我感觉自己只不过是个幸运儿，或者说是个例外。这让我对自己产生了怀疑，怀有各种复杂的情绪。然而奇怪的是，我同时又感到自己强大。"

俗话说：木秀于林，风必摧之。露丝在商界地位的不断攀升也引来了众多非议。人们在背后说她说话嗓门如何大、如何出口成"脏"；对于她浮夸的言辞也颇多微词，比如她曾宣称芭比是"有着最出色表现的玩具"。尽管露丝说的也没错，但她不知谦逊，很难让人们原谅。

露丝喜欢将自己打扮得十分靓丽、魅力十足，成为男士们仰慕的对象，但她同时又会毫不顾忌地口吐脏话。她大步流星走进办公室的样子，俨然是位新来的主管，这让很多和她一起工作的人都大跌眼镜。虽然经营美泰已经15年，她的野心仍然让人一目了然。她相信自己具有天生的推销能力、创造力和超越常规的勇气，和别人在一起，她总是以领导者自居。她说："我能够以超越常人的方式激励他人，我们有积极上进的员工、艾略特的头脑和他的随和，以及我个人坚定的信念、抱负，还有善良。"她相信：自己和艾略特以及她的管理团队都对迎接公司未来的发展做好了准备。

有时，她也会将美泰从一个车库猛然发展到今天的地位，说成是纯属偶然。她说："我们根本不知道自己在做什么。"然而，1960年以后，美泰的每一个决定都有着明确的目的，都是经过露丝的深思熟虑、仔细检查和周密计划的。这些，都是露丝伟大的管理能力所产生的必然结果，尽管外界有不少质疑和非议，但这一切并没有让露丝停止前进的步伐。

第三节　"孩之宝"之争

> 上天完全是为了坚强你的意志，才在道
> 路上设下重重的障碍。
>
> ——泰戈尔

玩具不是美泰的专利，芭比也不是玩具领域唯一的恩宠。在芭比走进全国女孩心中的时候，很多玩具商也不甘落后，纷纷开发出自己的产品，尤其是以"孩之宝"玩具为代表，极力进军小男孩的世界。

1964年玩具博览会之前的一天，美泰的经理们挤进公司一间狭小的会议室里，想要亲眼目睹一家对手公司推出的一款新玩具。据说，这款玩具是专门冲着芭比来的，芭比占据女孩的世界，这个玩具则是要占据孩子们的童年空间。一旦开发成功，将会给市场带来巨大的冲击力。所以，大家都事前研究一下这个玩具到底有什么竞争优势，能给公司的发展带来什么样的冲击力。

这家公司名叫哈森费尔德兄弟，公司研发了一个名叫"孩之宝"的产品。"孩之宝"是一个约30厘米高的肌肉发达、体格强壮的男性玩具娃娃。"孩之宝"还有一个特别大的优势，就是身上有着21个可动器官，这个设置让"孩之宝"能够像人一样行走，被称为G．I．乔（美国特种部队）。"孩之宝"的出现直接成为美泰强有力的竞争对手，直逼美泰在行业内的霸主地位，很多男孩都喜欢上这个玩具娃娃。

早在几个星期前，美泰的经理们就听说了这个据说是会引起极大轰动而又会给芭比带来巨大影响的玩具，于是，公司专门买了这个玩具的各种款式回来进行集中研究。这次会议只有露丝一位女性，其余都是男性。经理们围着放玩具的桌子仔细打量着，看看究竟有什么特别吸引人的地方。为了让大家看得更清楚，主管研发的杰克·瑞恩建议将玩具人偶的衣服一层一层扒去，让这个小男孩赤身裸体出现在大家的面前，方便大家研究。

瑞恩煞有介事地摘掉了娃娃的帽子、标签，然后脱掉他的迷彩夹克、战靴。会议室里，大伙都被眼前的景象惊呆了，娃娃的做工实在令人佩服，衣服做工的精细程度跟美泰在日本的裁缝给芭比衣服上纽扣和针脚的改进几乎不相上下。后来才发现，第一次"孩之宝"也去日本进行了娃娃的服装加工。看到整个做工精细又非常具有创意的"孩之宝"，大家心里都很明白，一个以军事为主题的玩具娃娃出现了，其肯定会受到男孩

子的欢迎。

最后，瑞恩脱去了娃娃的裤子，显露出人偶的臀部，其前面在腹部下方与两腿相连的地方有个奇怪的U形凹陷，后面有个竖着的凹槽，表明这里是屁股。看着眼前这个赤裸裸的娃娃，大家一言不发，毕竟，不止美泰能够生产出这样的玩具。

突然，露丝"扑哧"一声笑了出来，她将戴着大大的祖母绿钻石戒指的手一挥，大声说道："奇怪，他怎么没有'小弟弟'？"会议室里先是一片安静，然后大伙也都放声大笑。

乔·惠特克后来在回忆中提到，那是很开心、很实在、也很自信的笑。等笑声停止，我注意到几双透着微笑的眼睛，也有一两个人在点头。

露丝的轻描淡写的一笑，让大家看到了她的自信，也看到了对方玩具的弊端。

第四节　露丝的管理

> 苦难对于天才是一块垫脚石。
>
> ——巴尔扎克

露丝很清楚自己在职场里的独特身份，她将自己的一生说成是一个女人的故事，但对于自己的成功会给其他女性带来什么启发，她不感兴趣。如果她的话里表现出任何女权主义倾向的话，那种倾向也因她"一贯有丈夫的支持"的说法而大打折扣。尽管她经常说起话来，就好像艾略特根本不存在，她还是将公司的成功归功于艾略特对她的支持和鼓励。她说她和艾略特都没想过要"铲除这个世界上邪恶的东西"，自己只是在凭着直觉做事。

曾经跟她交往密切的经理乔什·德汉回忆，"露丝如果是个律师的话，她会成为一名非常出色的辩护律师。她问的问题很尖锐，她有着一个女性的直觉，知道你什么时候言过其实，她无法容忍别人说谎。在我认识的人中，她对于事物有着最强烈的直觉。"

在经营模式上，美泰将宝洁视为学习的榜样。宝洁在产品开发和市场开拓方面都取得了令人刮目相看的成绩。露丝希望能够培养出来既懂管理又擅长产品经营的全才，这些人要对美泰的市场和消费者都了如指掌，能够在有新产品推出的时候迅速做出反应。

作为管理者，露丝想要她的下属和她一样具有为人坦率、争强好胜、不屈不挠、永不言败的品格，这样才能形成强大的团队力量和企业文化。按照乔什·德汉的说法："你的任务不是仅仅穿越一堵墙，而是要将其捣毁。"

露丝也喜欢她的手下不断尝试。只有不断创新，才能让企业出现源源不断的活力与生机，才能让公司出现新的活力。1959年，博伊德·布朗成为美泰的保安部经理，在他为美泰工作的16年中，他做过10种不同的工作。他曾说："来美泰之前，我曾在美国无线电公司工作过。在那里，一切都得照章办事。开始时你只有一张桌子、一支笔；往上一级，你就可以和别人共用一间办公室；再往上就是带有半截隔断的独立办公室；到了最高级，你才可以享有一个单独的办公室。而在美泰，情况完全相反，在这里，一切都根据需要。"

在一次安全检查中，布朗到码头将四箱子的玩具装进自己的车，然后就驾车离开了。看到货物如此容易被盗，他立刻想到给每个人佩戴标志，然后把大门锁上。于是，布朗胆战心惊地去找露丝，将情况跟她做了汇报。让布朗没有想到的是，露丝却随口回答说："那么，你是什么意思，你觉得该怎么办就怎么办吧。"在那一刻，布朗意识到露丝实际上在告诉他，你的工作是你的责任：如果你要做的事情对公司有利，那就去做吧，但是你得承担责任，如果事情做得不好，你就得走人。在露丝手下做事，你可能承担着风险，但能力也因此得到发挥。在露丝手下做事，花钱少反而比花钱多更容易被炒鱿鱼，就是这个原因。

桑迪·丹侬回忆说："大家都很害怕她，如果有谁没达到她的预期目标，她就会破口大骂说：'我绝对饶不了你！'"但露丝也给过丹侬鼓励，告诉她要像自己一样学会不去理睬别人的轻慢。

那些最后在美泰干得不错的人都感觉到，自己就像生活在军营里，丹侬就是其中的一个。丹侬曾说："我们都是美泰的人，我们把一生都交给了它。"高强度的工作和压力也使人觉得在美泰工作压力很大。当后来成为美泰首席执行官的汤姆·卡林斯克结婚的时候，大家都感到很意外。营销部很少有人结婚，按丹侬的说法，与这里充满刺激的生活相比，结婚生子显得那么无聊；何况现在的离婚率还那么高。

公司里绯闻很多，聚会也很多，就连放松的时候大家都在较着劲儿。在露丝的阴影下工作，没人能真正放松。营销部的娄·密劳拉后来说："我们老是想着怎么才能得到她的赞许。"他还记得露丝之前给他提过的一条建议，当你看到别的销售人员在工作的时候，你应该仔细观察，想想自己怎样才能把工作做得更好。

有一次，密劳拉拿着美泰的大客户克瑞斯哲的一个大单子去见露丝，他本想露丝会表扬他，没想到她却指着单子上的玩具说："他们没订这个，他们没订那个。"她不喜欢买家在美泰的产品里挑来挑去，只选择最畅销的玩具，她要的是货架空间，每样产品都应该上架，这样才能显示出每天玩具的多样性。

在每次销售会上，统领销售部的克里夫·雅可布都会提醒手下关注露丝的期望。露丝希望每笔订单都包括各种产品，她想让销售人员将美泰的每款产品都销售出去。"她总是给我们以这样的压力！"密劳拉说。他还补充说自己很畏惧露丝的权力，觉得她不关心员工。但其他员工却持完全相反的意见，有些人甚至将露丝和艾略特说成是"像父母一样"。乔·惠特克在回忆时说："他们就像我在商界里的父母，是我学习的榜样，露丝还老是很关切地询问我的个人生活。"

对于下属，露丝是恩威并重。人们对于她的态度也是非爱即恨：爱她的人多年后提起她的时候还会热泪盈眶，而恨她的人则挖空心思，想方设法用最恶毒的话语来诅咒她。在所有人当中，露丝要求最为苛刻的还是她自己。

在巨大压力面前，有些人非但没有退缩或被击垮，反而从中得到了极大的乐趣。原美泰市场调查员丽塔·饶回忆说："我们这个行业发展快，新鲜事多，而且也很浪漫，我们一起度过了非常美好的时光。大家出差的机会很多，而且都是年轻人，血气方刚，绯闻自然也不少。对此，露丝非但不责怪，反而将其当作乐趣，她也喜欢听人们胡扯。"也许露丝在自己的生活中也与此相似。尽管所有的证据都表明她和艾略特的感情很好，但她对别人纠葛的情感生活却很感兴趣，这不能不说明她很"八卦"的一面。

第五节　黄金发展时代

一个人想做点事业，非得走自己的路。

——李政道

1962年，露丝的广告预算为570万美元，6000万个玩具上都安装了10年前就在玩具盒上安装的小型曲柄音乐盒。企业发展势头良好，公司计划4月再次发售股票，为此露丝和艾略特准备亲自去趟纽约，同行的还有他们的合伙人哈里·保罗夫妇。

134

两对夫妇下榻在纽约的华尔道夫饭店。露丝突然接到股票经纪人打来的电话，说是要马上见面。会谈中，露丝等人得知股市突然出现大跌，美泰的这次发行根本不能举行，而且这种下跌短时不会结束，这也就是后来被称为"蓝色星期一"的华尔街大劫。对方还告诉他们："如果你们坚持发行，结果是不堪设想的。"四个人在纽约本来过得很愉快，而且对即将举行的再次发售活动充满了期待，但突如其来的消息给了他们重重一棒。

1963年8月，艾略特在纽约证券交易所举办股票上市启动仪式，美泰正式在纽约证交所和太平洋股票交易所两家交易所同时上市。作为启动仪式的一部分，艾略特以每股48.5美元的价格分别在两家交易所购买了100股美泰股票。而在3年前，股票首次公开发行时，美泰的股票价格仅为10美元。露丝后来笑着对记者说："我们就坐在那儿，不敢相信有人愿意出那么高的价格买我们的股票。"

1963年年底，有一次，露丝夫妇与股票经纪人共进午餐。席间，一个年轻的推销员频繁闯进餐厅，和其中的一位经纪人嘀嘀咕咕。

最后露丝终于忍不住了，她问："出了什么事？"

这时，他们才知道，原来美泰的股价不断上涨。就在他们吃饭的当口，露丝夫妇的股票已经涨了2000万美元。当时，艾略特和露丝的年薪分别为6.75万美元和5.2万美元，他们还掌握着美泰54.5%的股票，这在当时，相当于4400万美元。1964年，他们的全部个人资产已超过4000万美元，其中有3700万是

股票。

芭比的特许经营权也给美泰带来了不菲的业绩，让美泰发展迅速。20世纪60年代，芭比无论在"游戏价值"还是品牌建立方面都取得了一系列突破，这时的芭比多了很多伙伴，首先是男朋友肯，接着是朋友米楚和肯的好朋友艾伦，然后是芭比的小妹思奇帕与双胞胎姐弟多蒂和陶德。

在芭比的朋友中，芭比的表姐弗朗西是最为特别的一个，因为弗朗西是个成人娃娃，体态瘦小，缺乏性感，不像其他娃娃那样有着姣好的身段，她的出现在美泰内部引起了很大争议。由于个头相对较小，原来芭比的衣服她就穿不了，因此就得给她单独制作服装，以满足需要。

此时，露丝也担心商店里没那么多空间存放和摆设弗朗西的服饰，她还担心消费者看到弗朗西穿不了原来芭比的服装会心生不满。但是，这一切担心都是多余的，让人不看好的弗朗西又是大获全胜，这也让美泰了解了扩大芭比经营权以及娃娃设计方面的新途径和新思路。

在此期间，杰克·瑞恩又发明了可弯曲的娃娃腿和可旋转的娃娃臀部，并为此申请了专利。

1965年，可弯曲的娃娃腿投入生产，迎来了芭比发展的一次大飞跃。不过，芭比娃娃的胳膊却始终无法实现弯曲，这成为一种遗憾。

露丝觉得娃娃的性格不应该是单一的，芭比应该符合每个小女孩的性格特点，在她身上，每个孩子都应该能够看到自己的影子。她还指出，美泰生产的不是简单的漂亮娃娃，那样会影响到娃娃的"游戏价值"，从而影响到娃娃的吸引力。然而，随着新的芭比娃娃不断被生产出来，她的这些想法越来越没人在意，新出来的芭比也越来越像模特般光彩照人。

第六节　版权之争和质量之战

对新的对象必须创出全新的概念。

——柏格森

巴拉巴回忆，在调到瑞恩手下工作后不久，他曾进过公司的玩具档案室。当时，他见到一个盒子，里面装的娃娃跟芭比很像。他好奇地看了看上面的标签，这才知道那个娃娃是德国制造的，比芭比生产得要早。当时，美泰正在和马克斯打官司，并且公开否认了芭比剽窃莉莉娃娃一事。

G&H的前身是O&M Hausser，即莉莉的制造商。早在1960年，G&H就根据莉莉娃娃身上用的"娃娃髋关节"向美国申请了专利；之后，G&H将该专利的使用权独家出售给了马克斯玩具公司，期限为10年。次年，马克斯向美国加利福尼亚州地方法院提起上诉，声称美泰在芭比娃娃身上用的髋关节侵犯了其版权。

两家公司唇枪舌剑，针锋相对，持续了很长时间，但美泰拒不承认芭比娃娃是莉莉的翻版。就在此时，　巴拉巴发现了

装着莉莉娃娃的盒子。他回忆说："我立即拿着那个娃娃去找瑞恩，并且对他说：'这个娃娃跟芭比真的很像。'他问道：'那又怎样？'其实，那就是几年前露丝让瑞恩带到日本去的那个娃娃。接着，瑞恩就像背儿歌一样，振振有词道：'抄袭，抄袭，这就是上帝让我存在的目的。现在，马上把它放回去。'"

瑞恩的话没被拿到法庭上去，马克斯的上诉也被各方驳回。因为在第二年，美泰以相当于原总价3倍（约21600美元）的价格买下了G&H莉莉娃娃的版权及其在德国和美国的专利权。根据协议，到1970年马克斯对莉莉娃娃的使用权到期时，其营销领地也以3800美元的价格转让给了美泰。截至20世纪80年代初，当芭比继续给美泰带来数以百万计美元的巨额利润时，G&H与马克斯相继破产。

瑞恩是个设计天才，是艾略特手下的得力干将。当时的生产经理汤姆·卡林斯克说："有一次，我去找杰克，请他设计一种女孩子用的编织机。不到半分钟的时间，他就完成了魔术针织机和魔术缝纫机的设计。"另外的一位年轻经理弗雷德·黑尔德说起瑞恩时说："他手下还有一群发明家，他的成绩多半是大伙的功劳，但即使他将所有的功劳都据为己有，那帮人也不会介意。他们几乎是唯他马首是瞻。"《纽约时报》则称瑞恩为"美泰的秘密武器"。

曾与瑞恩一起做过初步设计的德雷克·盖博说，玩具制造业"既发展迅速，又充满了吸引力， 成千上万个新的创意出现，因此露丝和艾略特也允许员工出错。这样的工作真的很有意思"。

员工乐于为美泰工作,一方面是由于这里到处都有新点子,在这儿工作很刺激;另一方面也是因为公司为员工提供了丰厚待遇,其中包括优先购股权、利润分红、养老保险等。当然,这也离不开露丝根据兴趣和才能利用人才的策略。露丝将自己在20世纪60年代组建的团队称为"小虎队"。公司的不断成长为小虎们的成长提供了探索空间,像瑞恩这样的怪才的加入更使小虎队如虎添翼。由于玩具是公司一切业务的核心,小老虎们与其他员工一道都投入到了玩具的设计与生产中。

一天,盖博产生了将日益受到喜爱的娱乐形式直线竞速赛应用于玩具行业的想法,便随即设计了一款直线赛车玩具车。另一位设计师也产生了同样的想法,但他却用到了飞轮。艾略特提议说:"咱们来场比赛吧。" 就在当周,赛车比赛开始,公司各个部门的员工都跑来为各自看好的赛车助威。

对于这样的竞争,瑞恩也十分支持。他还邀请孩子和研发人员一起来做新产品测试,当然,是在承诺严格保密的情况下。对于大家的反馈,他也会认真记录。比如,他曾邀请很多五六岁的孩子来测试Baby First Step,这是一个能走路、会跳舞的长45厘米的机器娃娃。看着娃娃的裤子总是掉,一个小女孩对身边的一个朋友说:"他们为什么不把裤子缝到衣服上呢?"她的提议最后成为现实。

"我们最好的玩具离不开我们的工程师!"瑞恩告诉记者说。他很会利用媒体来提高自己的知名度。1962年,在接受《时代》杂志采访时,他吹嘘说:"我们总是走在科技的最前沿。"最后，连芭比娃娃他都说成是自己的发明，这一点令露丝很是不满，但他将功劳据为己有的还不只涉及芭比娃娃一项。

1960年，美泰推出了"爱说话的凯茜"，一款会说话的娃娃，马上受到了市场的推崇。这一次，又是艾略特首先想到可以利用发声装置让娃娃开口说话，他建议工程人员尝试使用拉绳来生产一种不用电池也不用上发条的装置，他还要让人们无法预测娃娃将要说出的话语，从而提高娃娃的"游戏价值"。结果生产出来的娃娃有50厘米高，长着圆圆的脸蛋，就像刚学步的婴孩，其腹内装有一个约七八厘米长的用乙烯基制成的类似转盘的磁带，声音由娃娃脖子后面的一根拉绳控制。娃娃能说11句不同的话语，由配音演员琼恩·弗雷配音，这11个句子可以随意玩。出售娃娃时，美泰还会配送一本故事书，总价10美元，这在当时算是便宜的。和芭比一样，凯茜也有服饰单独出售；同时美泰又仿照夏威夷四弦琴Uke-A-Doodle的模式，在其他备受青睐的玩具上也安装了同样的发声装置，包括用于学前教育的响声玩具"边看边学"。

对于露丝来说，一个重要的商业原则就是严把质量关。据弗兰克·塞斯托说："说到产品质量，她（露丝）会毫不留情，她知道要了解产品的真实情况就得去找质检人员。她会直接找到我，然后对我说：'带我去看看产品，给我介绍一下情况。'"

不幸的是，对于"爱说话的凯茜"，塞斯托汇报的却是坏消息：尽管凯茜设计得很成功，但一个质量瑕疵却要使得公司被迫停产一个月，从而造成巨额损失。对此，露丝毫不犹豫地同意了，她不让一件达不到公司标准的产品走上市场。质检部的工程师塞德里克·岩崎回忆起这样一件事：为了不让带有瑕疵或水印的零部件装到娃娃身上，他制定了严格的质量标准。

一天，他带领着质检员们观看芭比娃娃腿部的浇铸过程，看着塑料溶胶被灌注到模子中，浇铸好的娃娃腿从生产流程的另一端被生产出来。突然之间，露丝出现在现场，令岩崎猝不及防，他还从未见过这位大老板。在翻查了一盒子已成型的娃娃腿之后，露丝说："这些娃娃腿不合格，停止生产。"生产过程中的禁忌就是突然停产，岩崎赶紧跑过去问："出了什么事？"露丝回答说："看看这上面的污点。"岩崎辩解说，这些腿都是符合规格的。"那么就更改生产规格。"露丝回应道。

美泰的质量控制不仅在车间里进行。据露丝告诉记者："我们花了大笔的钱用于质量保证，每一件玩具都经过严格把关。因质量问题而被退回的产品比例不到0.5%，退回来的东西，我们修好后会如数返还给消费者。"在美泰，所有玩具都要经过从76厘米高的地方坠落到水泥地上的检验，每个玩具都要从不同角度坠落6至10次，它们还要在一个"行刑室"里待上48小时，模拟货运火车的运动和途中的温度变化。

芭比娃娃推出后，美泰开始收到大量来信，要求给芭比找个男朋友，于是有了肯的出现。肯是以露丝儿子的名字命名的，1961年，他刚刚面世，就遭遇了嘘声一片，很多玩具经销商都认为男性娃娃是不会有销路的，但露丝却记得：女儿芭芭拉玩的纸娃娃中不仅有女孩，也有男孩。她想，也许芭比能改写男性娃娃卖不出去的历史，总要有人敢于越过第一道雷池。

第七节　永不停息的创新

> 不断变革创新，就会充满青春活力；否则，
> 就可能会变得僵化。
>
> ——歌德

露丝很具有超前意识，当她发现设计人员没有胆量让肯表现出一丁点儿男性特征时，她对他们说：你们至少得让娃娃像真人一样胯裆有个突起吧？芭比的时装设计师夏洛特·约翰逊也支持露丝的这一观点。尽管最后肯的胯裆是多少有了点儿突起，但也仅此而已。最后设计师在他生殖器部位近乎平坦的地方和臀部涂上了颜色，作为内裤。

不出露丝所料，肯穿上他的第一套行头，带有斑马条纹的泳装一看上去很假。当时露丝的儿子已经15岁了，看着与自己同名的肯胯裆平平，他不禁心生反感。露丝知道，儿子是因为感到尴尬才会如此的，因此没有责怪他。然而，露丝不知道，儿子的感受绝不仅仅是出于男孩的自我意识，实际上，正处于青春期的他对于性的矛盾心理使他对这个男不男、女不女的怪物既感到羞辱，又感到气愤。

　　对于研发部来说，他们在乎的并不是肯的生理特征问题，而是他的外形对于公司的影响，对于这一点，露丝也愿意接受。马文·巴拉巴后来回忆说："当时的研发部认为肯还是中性化一些比较好，结果就这样了。"

　　后来，芭比娃娃的生产线不断扩大，先是有了肯的加入，接着芭比又有了更多的亲人和朋友，包括米楚和思奇帕，美泰娃娃的销量急剧攀升。《华尔街日报》将芭比娃娃称为一种"时尚"、一个"产业"，露丝也将人们对芭比的喜爱称为"芭比情结"。很多公司纷纷与美泰签订合同，为其芭比系列娃娃生产服饰，出版杂志，或使用芭比这个品牌生产童装。

　　露丝也通过更大规模的电视广告为芭比创立品牌，到20世纪60年代初美泰电视广告的费用已达到了100万美元，但露丝觉得："这钱花得值！"93%的5至12岁的女孩都知道芭比，这种品牌知名度是任何一家竞争对手所无法企及的。

　　露丝坚信自己终于没辜负自己所处的地位和得到的薪水。她说："经营热销玩具并不难，关键是要懂得产品的发展规律。"因此她非常重视产品的销售预测和库存管理，她还用事实证明：每年经营100—200个特色产品可以和整年都专注于一种新型大瓶装洗涤剂做得同样专业。她的零售调查员会亲自到零售店里去安排商品的摆设，向店主了解美泰玩具的销售情况。即使在销售不景气的情况下，露丝也会努力保障研发部的资源配置，因为她知道全球视野对于生产和销售的重要性。美泰不断变化在全世界的经营模式，1962年，它收购了加拿大笛西玩具公司，之后又收购了香港实业公司。

与此同时，露丝公布了一项新的营销计划，针对的是瑞恩刚刚改装的芭比娃娃。新款芭比穿着亮粉色泳装，腰部和膝盖可以活动。根据该营销计划，孩子们可以用老版的芭比娃娃来换新的娃娃，每个只需多付1.5美元。和与芭比娃娃有关的每一次营销一样，这一次，市场上的需求又超出了美泰的预期。大批想要以旧换新的女孩子们涌进了商店。那一年，对美泰和露丝来说，又是难忘的一年。当年，在《纽约时报》的年度评奖中，露丝被评为12位"年度风云女性"之一。

当露丝和艾略特展望20世纪70年代的时候，美泰的发展似乎势不可挡。根据希尔森·汉密尔公司1967年的调研备忘录，到1970年，美泰的销售额将达到1.75亿美元。

露丝夫妇都刚刚50岁出头，孩子均已长大成人，独立生活去了。露丝不用再担心自己的成功会给孩子带来什么影响，没有什么能妨碍露丝的竞争心理和艾略特的创作热情。据艾略特回忆说："对我们来说，成功的感觉比财富更重要。看到人们喜欢我们的玩具，我们由衷地高兴。我们想要在市场上获得成功，让人们接受。我们不想停滞不前，我们要发展。"

芝加哥一家连锁百货商店的玩具购销员在总结20世纪60年代的行业特点时说："美泰的人都充满了干劲，想问题想得也深，远远走在了同时代人的前面。美泰失败简直就是不可想象的。"

第八节　芭比的销售奇迹

> 坚决的信心，能使平凡的人们做出惊人的事业。
>
> ——马尔顿

1968年的那场演出中，只见密劳拉面对着200多个销售代表，一个人站在舞台上，身着黑色高领毛衣、黑色裤子，像木偶一样一动不动，屋子里一片黑暗。短暂的沉寂之后，一盏聚光灯突然亮了起来，打在了他手里托着的娃娃身上。接着，舞厅里响起了《胡桃夹子》的旋律。伴随着美妙的音乐，密劳拉开始向观众展示美泰的新娃娃——舞娘丽娜——一个长约60厘米、靠电池驱动的会跳舞的娃娃。

舞娘丽娜一头金发，头顶粉色头饰，头饰下面是一个隐形球状按钮。通电后，只要拨动按钮，娃娃就可以做出各种相应动作。她身着紧身衣裤，脚尖点地，既可以向不同方向旋转，也可以原地舞动。

凭借出色的表演，密劳拉将舞娘丽娜的魅力表现得淋漓尽致，也因此被博伊德·布朗称为美泰产品推介会的行家。等到表演结束，现场灯光亮了起来，在场观众无不起立鼓掌。就连露丝也被现场的气氛所感染，禁不住激动地冲上台，给密劳拉以热情的拥抱。

和舞娘丽娜一样，美泰其他的玩具产品也都有着事先准备好的故事情节，用于舞台演出。比如，在"牛仔吉他"的推介会上，观众看到的是一群工作了一天的西部牛仔围坐在篝火旁，一边弹着吉他，一边纵情地歌唱。

露丝要求，每款玩具背后都要有一个故事，包括像玩偶盒这样早年开发的玩具。按照布朗的说法，"在推介会上，你不能让娃娃呆呆地坐着，而要让她动起来，比如说：和她说说话、抚摸抚摸她的小脑瓜、拽拽她的裙子，或亲吻她的脸颊。其他的玩具公司都没有意识到这一点，他们只是把娃娃像个物件一样拎着脖子拿出来，然后就摆放在那里。"露丝可绝不允许那样做。

美泰的演出带来了一批接一批的订单，再也不用担心货物积压问题。如果货物积压太多，那结果就只有一个——破产。这一点露丝比谁都清楚。

到了20世纪60年代末，露丝对她的团队要求越发严格。尽管她对外宣称她是如何地遵从丈夫的意愿，但她对领导权的热衷却越发表露无遗。管理人员的聘用主要由她一个人说了算，她还经常到各部门去参加部门内的会议，了解各部门的工作进展情况，询问员工情况或激励他们。

20世纪60年代末的美泰，就像搭乘了火箭，仅用了3年多的时间，到1969年，就将销售总额从1亿美元增加到了2亿美元，而在那之前它却用了20年的时间才把销售额增加到1个亿。这些业绩的发展，很大部分都要归功于芭比，9年里，芭比的零售额超过了5亿美元，其中包括1.03亿套娃娃服饰的销售额。芭比也拥有了众多的亲朋好友，包括被美泰称为"明朗少女"的非洲裔娃娃克莉丝蒂。芭比众多的配饰当中又多了带有立体火炉和卧室的时尚玩偶屋。

为了保证芭比的供给，以满足其1300万名粉丝的需求，美泰在日本的生产工人达1万余名，这简直可以组成一支小型军队。人们对芭比的这种喜爱被艾略特说成是一种"痴迷"，他1968年接受《纽约时报》记者采访时说："你被一个芭比所吸引，就又去买另一个；买了娃娃，还得买服装。很多父母因此而憎恨我们。尽管如此，这在短期内不会改变。"

与此同时，露丝也在顶着来自各方的压力。有人说芭比迎合了性别歧视者的口味，有损女孩们对自身的认识。对此，露丝在接受采访时说："芭比是个很有教育意义的娃娃，她能教给孩子们如何进行色彩搭配、如何着装、如何梳妆打扮、如何举止大方，以及如何在不同的场合下与人相处等等。"

露丝本人就是这些经验的化身。她说："我身材很好，身体健康。我穿的服装都是出自名设计师之手，它们不仅合体，而且能突出我完美的曲线。"露丝的衣服也确实都很时尚，她的发式、妆扮、指甲也和芭比娃娃的一样无可挑剔。然而与露丝不同的是，美泰的新芭比虽然能说话，但却不像露丝那样会口吐脏话，也不像露丝那样盛气凌人；尽管她们有着众多的职业，但没有哪个手下掌管着全球最大的玩具公司。

露丝手下的年轻经理，经常在自己的专业领域之外，还承担着其他重大责任。据马文·巴拉巴说："她不管你过去是干

什么的，她会把你放到最适合你的地方去。对她来说，管理能力和远见卓识比专业背景更重要，对于达不到要求的人，她会毫不犹豫地炒掉。"当然，有时她也会采取一些转弯抹角的方式。例如，有一次，广告部经理史丹·泰勒来上班的时候，发现公司已经任命了一名新的广告部主管。他找到露丝，对她大发雷霆道："我不需要什么主管来管我。"不久，泰勒就去休假了，从此再也没回来。

随着美泰的发展，露丝觉得自己有责任让公司这种发展势头保持下去，否则的话，她怎么留得住手下的这群精英？然而，面临着研发、加工成本的不断攀升、庞杂的管理层带来的高额管理成本，以及市场对芭比热度的逐渐减退，露丝和艾略特一致认为：玩具的销售额到了2亿美元也许就到了尽头，唯一的出路是实行"多元化"发展。这一决定使得美泰后来逐渐离开自己的主营业务而转营其他产品，这也是美泰成功的关键。多年后，露丝在回忆起这段岁月时说："美泰之所以能够保持很好的发展势头，靠的就是它的产品，美泰的发展史就是产品的发展史。"

就在露丝为实现产品多元化而绞尽脑汁的时候，艾略特依然专注于给予他最大回报的玩具行业。他对记者说："看到自己的作品在全世界的玩具博览会上展示，还有那么多人为自己生产，真有点儿让人感动。"他依然保持着如泉涌般的才思和丰富的想象力，所设计出来的产品，露丝都会不遗余力地进行推销，他们之间的感情依然如故。

对于露丝天生的经商头脑，艾略特感到十分钦佩，也完全听凭她做主。同时他也知道：到关键时候，露丝也会尊重自己的意见。德雷克·盖博回忆说："看到他们在一起的样子，真的很美好。"他们很少有朋友，也很少与外界交往，除了彼此之外他们不太需要任何人。露丝曾在接受采访时说："我们是非常简单的人，私人生活也很简单。无论是旅行，还是娱乐，我们都是为工作，我们也不去赶时髦。一个真正的领袖可能是永远成不了一个社交高手的。我们最喜欢的客人就是我们的孩子和孙子、孙女们。"当然，他们还有彼此以及自己庞大的家族，以及他们始终都最钟爱的美泰。

Barbie

第八章　与命运抗争的露丝

Barbie

第一节　与癌症之间的较量

即使翅膀断了，心也要飞翔。

——张海迪

从1955年起，露丝就感到自己的胸部有硬块。她清楚地记得自己第一次感到硬块存在时的情景，当时她正在淋浴，她将手臂抬起，想给自己的腋窝和前胸涂抹香皂时，感到有些不对劲，立即停止涂抹，用手摸了摸那块奇怪的东西。然后，她决定还是得去找医生检查一下。到了医生那里，医生快速地检查了露丝所说的硬块，并安慰她说问题并不严重。不过，为了稳妥起见，他提出要给露丝做个活组织切片检查。

在那之后，医生们仍旧放心不下，每隔一两年就给她做一次检查，以确保不会转化成癌症。露丝的两个乳房分别做过两次切片检查和多次探针穿刺活体检查。检查表明露丝得的是囊性乳房增生，这种病会导致硬块频繁长出，但由于是良性的，没什么大碍。尽管如此，一次次的检查，对于露丝来说，也不是什么愉快的经历。事实上，每一次活体检查都可谓是一次煎熬。据露丝说："那时候，人们把活体检查当成什么大事似的，得要入院治疗几天。活体检查时，每次都得在乳房旁边开口，而且每次的开口都相同。"

更令露丝不安的是，每次麻醉过后醒来，她都不知道等待自己的消息是好是坏。一次活体检查之后，美泰在纽约的销售代表艾尔·弗兰克就在露丝病房门外的走廊里等着。弗兰克为人热情，脾气温和，多年来与露丝一家建立了深厚的感情。等麻醉药过劲儿，露丝醒过来，她隐约听到走廊里有人在低声哭泣。她当即就想：一定是医生在她的乳房发现了癌症而将乳房切除了。

当时，她的两个乳房都用绷带紧紧地包裹着，根本无法判断是否还在。就在这时，她听到走廊里那个人在跟别人说话，这回，她听出了是艾尔·弗兰克的声音。几分钟之后，弗兰克进到了病房，并且给了露丝一个轻轻的拥抱。露丝这才知道：原来，活体检查结果是良性的，艾尔·弗兰克因一时高兴，就哭了起来。

20世纪60年代，一次露丝去丹佛参加一个亲人的婚礼。其间，她发现自己胸部又出现了一个硬块，而且这个硬块似乎很特别。她当时正在淋浴，准备过一会儿参加婚礼。她习惯性地在涂抹香皂的同时检查自己的乳房，这时她发现了一个比以往更大的硬块，这个硬块是什么时候长的，她都不知道。

当时参加婚礼的，还有她的堂兄乔尔·莫什科。乔尔是个医生，于是露丝将此事告诉给了他。两个人约好，露丝第二天上午去乔尔的诊所。在那里，乔尔在给露丝做了初步检查后，建议她立即去洛杉矶接受检查。

露丝给洛杉矶一位名叫保罗·雷卡斯的外科医生打了电话，请求对方立即安排自己入院做一次活体检查。雷卡斯建议露丝最好先到自己的诊所看一下，但固执的露丝表示，自己要马上入院检查。露丝后来说："我就这样的一个人，即使是坏消息，我也要马上知道，我不想拖着，装作没事儿似的。我当时就想马上做检查。"当晚，雷卡斯医生就给露丝做了针吸细胞学诊断。考虑她当时已经入院，雷卡斯决定再给她做一次活体检查。露丝着实很担心，但结果依然是良性的。

然而，就在1970年，露丝发现自己乳房里的硬块发生了转移，这让她的医生也很担心。在贝弗利山，当她从医生诊所出来去取车的时候，禁不住放声大哭。正当她哭得一塌糊涂的时候，一个路人看到了，对她说："女士，问题不会那么严重的。"她转过身，心里想着："你怎么知道？"

这回，她又安排了一次活体检查，结果依然显示没有问题。但医生考虑既然乳房已经切开，不妨就再深入检查一下。就在硬块下面，医生发现了癌的早期症状。那天上午，医生对露丝进行了乳房切除手术。

1970年6月16日，露丝的生活从此发生了改变。多年生活在对癌症的恐惧中的她被确诊得了癌症，这让她惶恐不安：癌细胞会不会扩散？失去了左侧的乳房，那自己右侧的乳房会不会也有恶性肿块？还有，医生怀疑自己子宫里的那些类纤维蛋白又预示着什么？

手术之后，露丝醒来，看到自己缠满绷带的胸部，她不禁问丈夫艾略特："你还会爱我吗？"当时的她感到非常焦虑和不安。之后，她搬到自己2年前刚刚在马利布海滩买下的海边别墅，进行休养。

　　露丝看到自己的外孙女很喜欢这个地方，冲动之下就从歌手法兰基·莱思手里将这栋别墅买了下来。别墅就在海边，它成了露丝和家人最喜欢的去处。然而，在手术之后的那段日子里，露丝在这里感受到的只有寂寞和压抑。

　　那时，露丝情绪非常低落，有时甚至想到了死亡。她想起了小时候母亲给自己讲的一个故事，故事里讲到母亲的一位朋友的女儿就是因为癌症失去了一侧的乳房，母亲曾悄声地将这个噩耗告诉给了她。巧合的是，美国刚刚召开了关于癌症治疗的会议，很多参加会议的研究人员一致认为：要想治愈癌症，恐怕还要等上很多年的时间。露丝很可能是看到了相关的报道后才产生了轻生的念头的。

　　手术后5个星期，露丝就回去工作了。她无法容忍自己终日无所事事，但癌症也给她的身心造成了巨大伤害。她后来写道："我失去了从前的勇气，不再像以前那样说起话来充满自信。"她曾一度以自己姣好的身材为荣，现在却发现自己变得丑陋、讨厌，没有女人味。刚刚54岁的她脸部肌肉已经松弛，并且平添了很多深深的皱纹，眼睛下面也出现了眼袋。就连她的衣着也失去了往日的色彩和时尚元素，纽扣一直扣到了脖子底下。

　　为了掩人耳目，她还专挑肥肥大大的衣服来穿。她脸上一度洋溢着的迷人微笑此时已不复存在，肩膀也耷拉了下来，灰白的头发也被修剪得朴实无华。手术中，她的胸肌和腋下的淋巴结也被切除，给她造成了永久的肌肉和神经损伤，疼痛也因此伴随着她的余生。

第二节　公司管理陷入困境

> 当命运递给你一个酸柠檬时，要设法把
> 它制造成甜的柠檬汁。
>
> ——雨果

当时的公司里，也是乱糟糟的一团。各部门的主管为增加收入展开了激烈的竞争，已经到了剑拔弩张的地步，他们甚至公开违抗上层的命令。审计官吉田康夫一直都在觊觎财务主管的位置，因为被罗森伯格抢了先机而对他心生怨恨。玩具汽车部的伯尼·卢米斯，据说是要大量生产一种机动"风火轮"玩具汽车——时时乐极品汽车，这让一贯注重硬指标的露丝深为不满。

当时，作为美泰销售数据处理专家的达瑞尔·彼得斯，在对过往销售信息进行了广泛分析的基础上，建立了一个能够反映当前需求状况的模型。该模型成为为每款玩具制定年终生产限额的唯一可靠指标。美泰的员工亲自到指定商店去做盘点，哪些玩具先期卖得好、哪些不行，哪些是新产品、哪些是原有商品，哪些上了电视广告、哪些没有等，都一目了然。乔·惠特克后来回忆说："这个预测模型就是一种W报表，它处理数据非常精细，对于相对动态的生产线来说，这在美国的生产领域里也是数一数二的。"露丝相信彼得斯模型提供的数据，因此在一次生产筹划会上公开质疑卢米斯的销售预测，却遭到了卢米斯的坚决抵抗。

露丝的私人生活和工作都变得一团糟。她一贯依仗的各部门主管不再听她指挥，她信任的主管赫布·霍兰德也突然去世，这都给了她很大的打击。面对着种种困难和挫折，以及手术后的余痛，她努力摆出一副什么事都没有发生的状态，希望一切能够尽快恢复正常。据经常和她打交道的乔什·德汉回忆，在一次社交晚宴上，"她尽力表现得还和原来一样，但她的额头却在不断冒汗，似乎很难受的样子"。在这种情况下，她尤其感到来自罗森伯格的威胁。罗森伯格一向骄傲自大，不可一世，现在更是如此。他又像在利顿时一样，俨然想要自己成为公司的总管。

过去一心搞收购的罗森伯格，现在开始将注意力转向法律、会计、管理、企业的发展与规划。在利顿的时候，他促成了上百个收购项目，而在美泰却只完成了8个。按他的说法，他的目标是要减轻"季节性销售带来的压力"，使美泰的员工和设备一年四季都有用武之地。通常，淡季到来的时候，为了节约成本，美泰的员工不得不由原来的3~4万缩减为2万。但问题是：生产工人可以下岗，但经理和工程师们却不能，而且他们还照样拿全额的薪水。同时，部门的划分也增加了美泰全年的运营成本。

按照罗森伯格的说法，美泰目前所收购的企业盈利状况都很好，它们将有望帮助美泰摊平全年的销售收入；而且，按他的计划，到1972年年底前，美泰在国内市场的份额，将由现在的12%提高到15%，海外市场的份额由3%增加到5%。即使熊市到来，美泰达到这些指标也不会有问题。

回到公司后，露丝越发感到孤独。艾略特一心扑在研发上，对生意没多少兴趣，而她与阿尔特·斯必尔的个人矛盾却日益激烈。

1964年，斯必尔辞去了在露华浓的工作而加盟美泰，与罗森伯格同时被任命为公司执行副总裁。他瘦高的个子，长着一张大长脸，额头很高，还有些谢顶。他为人保守，对露丝实行的分部门管理一直持反对意见，公司的管理也让她越来越灰心。看到自己不能有效地恢复对公司的控制，露丝一下子觉得自己成了局外人。而她提拔的那些经理们，此时，竟没人站出来听她说一句话。

到了1970年夏，问题开始陆续出现。图尔科制造等新收购的"年轻"公司表面上看前程似锦，但实质上已经是问题缠身。艾略特根据孙子、孙女的喜好为图尔科设计了一套儿童户外游艺设施，但图尔科最大的、几乎也是唯一的客户就是西尔斯。虽然其管理层一再保证与西尔斯的合作万无一失，但销售刚开始，西尔斯就临时变卦，另找了家厂商。露丝后来不得不承认，收购只有一个客户的公司是愚蠢的。她写道："事实上，我们所进行的大部分收购都被证明是错误的。"只有玲玲马戏团和摩诺格兰还保持着良好的收益状况。

然而，对于圣诞期间的销售，公司内部仍抱有极大希望，所做预测和原来相比呈指数增长。尽管露丝不希望生产跟不上，以致错过销售机会，但她也深知货物积压会造成严重的后果：一旦发货太多，对方一时间消化不了，下一年的订单就会大量减少。"那样，生产就得停滞，整个第二年都得用在清理库存上，包括自己的，还有经销商的。"她经常这样告诫员工。大家也因此了解了掌握好生产量的重要性，每次开会，就听经理们满嘴都是他们牢牢记住的某种玩具的销售数据。

在玩具行业，包括订单、产品预测、销售、生产、广告时机在内，一切都是瞬息万变的，能够幸存下来的只有那些积极应对、随机应变的企业。但在乳房切除之后的几个月里，露丝却失去了以往的昂扬斗志。回到公司后，她发现销售预测比过去高了很多。尽管她向各部门的经理提出了警告，但大家都忙于争斗，对她的话也是不理不睬的。露丝发现，自己往日的权威已不复存在。尽管不出她所料，采购商下订单的速度已明显放缓，但她依然没能将公司的控制权握在自己手中。

第三节　销售业绩出现问题

只有在苦难中，才能认识自我。

——希尔蒂

不幸的消息接踵而至，人们对"风火轮"的热度开始衰减。为了让采购商保证：套装"风火轮"里的大部分车都采用了新的样式，只有少量还保持了原来的风格。但事实上，情况却恰恰相反。前几年的大量订购，再加上卢米斯"新瓶卖旧酒"的把戏，采购商们手里一时积压了太多的旧版"风火轮"，没人再想增订，3000余万"风火轮"就这样堆在了美泰的库房里，最后迫不得已只能以超低价出售。

遇到麻烦的还不仅仅是玩具汽车部，Optigan也没能受到成人消费者的青睐。由于音质差，又经常出现断音现象，这个售价300美元的新奇玩意儿被大量退货，造成650万美元的损失。派特·邵尔当时为该项目的主管，他认为要想提高这个"准乐器"的质量，还需要些时日。原本下了大量订单的西尔斯坚持由美泰负责维修，这更成了一个大问题。大难临头，露丝不怪自己失察或艾略特的设计有误，而把责任都推到了项目经理身上。据乔什·德汉回忆："在美泰，凡是出了问题，上面准会问：'是谁干的？'这都成了一种传统。"而且，这在当时尤为突出。

在Optigan问题上，露丝觉得自己被蒙在了鼓里。她曾对西尔斯那么大的订单产生过疑问，还问过相关人员订单是否靠得住及订单是否会取消等问题，然而得到的答复是：不会取消。据她说，在当时的分部管理体制下，她不方便亲自对订单进行核实；况且，Optigan是美泰的一个大项目，不是件简单的玩具。"就像是开始一个全新的业务种类，结果却弄得一团糟，显然是我们的经理不称职。他好高骛远，结果却让我们一败涂地。"

随着芭比娃娃在欧洲销量的减少，国内的问题也纷纷出现。联邦贸易委员会指责"风火轮"和舞娘丽娜的电视广告"具有误导作用",并且指出这些广告对玩具的外观和性能都做了不实报道:"风火轮"不像广告中所表现的那样是靠自身驱动的,舞娘丽娜也不能自己站起来。

尽管经历了诸多挫折,1970年,美泰的每股收益还是超过了上一年的33倍。就在圣诞节来临前,媒体公布了美泰收购玲玲马戏团一事。对此,马戏团内部一直有人持反对意见,其中就包括理查德·布卢姆。布卢姆年轻时曾经营过一段时间的玩具公司,在业内有些内幕消息。从他以前的联系人及旧金山的零售商口中得知,美泰并不像表面看上去那样经营良好。他回忆说:"我明确表示反对那次交易!"但马戏团董事会的那几个人仍是一意孤行。对露丝来说,这笔交易却意味着又一个新的起点。她曾对乔什·德汉说起,当她与欧文·费尔德坐在上面,看到所有人将目光都集中在费尔德身上时,她感到兴奋不已。她说:"从现在开始,他们就都得看我眼色行事了。"

在就收购马戏团一事举行的后期会谈中,露丝和艾略特与马戏团的一干人等去了趟佛罗里达州的威尼斯,目的是要亲自考察一下马戏团的运营情况。按照协议,马戏团股东将以346万股的玲玲马戏团已发行股票换购美泰125万的普通股,交易总价为4700万美元。马戏团成了露丝眼里"未来的造钱机器"。

论大小,美泰几乎是欧文·费尔德马戏团的20倍,据称利润也已超过1700万美元。它的股票始终为华尔街所看好,但只有公司内部少数高管清楚,这不过是海市蜃楼罢了。即使在

1971年1月美泰股票达到每股52.25美元——有史以来最高价的时候，时时乐极品赛车也还是深陷困境：采购商手里，货物积压成山，他们极力要求美泰为其减负，在压力缓解之前再无心进新的玩具。订单的减少意味着美泰仓库里积压的货物也越来越多，收支无法相抵。

在这种情况下，美泰以年为会计周期——一种完全合理的会计处理方法，积极采取措施，努力将前期费用分摊到后面几个季度，以此来维持收入稳定；同时希望到了1971年，新玩具的订单如果能够大量涌来，问题就能迎刃而解。美泰进而确立新的利润目标，但与其早年实实在在的利润指标不同，新目标的确立是为了满足华尔街的预期。一时间，美泰有一大堆"必须达到"的指标要处理，经理们也面临着实现每股预期增长的巨大压力。无奈之下，公司只有采取开单后延付的做法，造成持续增长的假象。

开单后延付这种做法，美泰过去也用过，但那时是作为合理的经营策略。但自1971年以后情况就不同了。收购玲玲马戏团后，罗森伯格不惜一切代价地要使美泰的股票免于下跌的命运。他告诉德汉和卢米斯：根据合并条款，如果美泰股价下跌厉害，玲玲马戏团首席执行官的欧文·费尔德仍将接管玩具公司。

罗森伯格的担心并非凭空而来。1971年1月5日签署的合并协议上提到：美泰的财务状况完全属实。如果对方发现有假，玲玲马戏团和美泰将对簿公堂。尤其重要的是，美泰曾保证过所提供的材料完全属实，并无任何误导信息。

为了表面符合合并文件里的情况，美泰采取了开单后延付、将未来销售收入记为当期收入、假造发票和账单、编制假账簿、伪造客户签名等造假行为。发货单是经过篡改的，新的生产成本被延期记载或分摊记到很长的区间，发票被伪造。由于客户不按期付款而造成应收账款攀升，而账簿里却显示一些客户又重新订购了大批货物。50%—80%的延付订单在发货前会显示被取消，就连墨西卡里大火保险理赔金额也被夸大。1971年1月31日的利润表中记载保险理赔所得为1000万美元，然而美泰6年后实际拿到的却只有440万美元。根据后来特别顾问的调查报告，对于这些造假行为，当时负责美泰审计工作的安达信会计师事务所要么是装作视而不见，要么就是干脆就不懂业务。

对于公司造假的后果，德汉和卢米斯都深感担忧。他们去找露丝，并且告诉她：如果再卖不出去玩具，"公司上半年就将破产"！这时，恰逢罗森伯格经过露丝办公室。他看到两个人在和露丝说话，就跟了进去。他让他们去自己的办公室，说由自己向他们解释。对此，露丝二话没说。

第四节　美泰失守

困难是一个严厉的导师。

——贝克

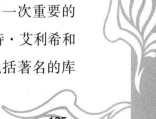

1973年1月初，露丝和艾略特临时决定与露丝的哥哥马克思和嫂子莉莉安在纽约会合，一起到加勒比海地区游玩一些日子。

1973年1月2日，一行人乘船经过圣托马斯时，露丝给秘书打电话，询问公司状况。电话那头秘书说话的语气令她感到不安。按计划，他们的游玩3天后才结束，然后，他们将乘飞机去佛罗里达州萨拉索塔市。突然的变故让露丝临时决定改变行程，在圣托马斯下船，立即搭飞机返回洛杉矶。

露丝的直觉是对的。回到公司，她马上发现有些不对劲儿：公司会议室里挤满了人，其中有15名银行家，还有阿尔特·斯必尔和其他几位经理。露丝和艾略特的突然出现令在场的人都很意外，非常惊讶，很不自在。他们跟银行家秘密会面已经有一段时日了，而且还在策划着一场可怕的阴谋。

在美泰总部，执行副总裁阿尔特出面召集了一次重要的午餐会，与会的有刚刚接替罗森伯格工作的罗伯特·艾利希和另外一名经理，还有一些重要的银行家代表，包括著名的库恩·洛布投资银行的合伙人迪克·宾汉姆。美泰2.2亿美元的短期融资款未付，这着实让借给他们钱的银行担忧。饭菜刚撤，与会者马上开始商讨会议的第一项日程，即免除露丝在美泰的总裁职务。

会议很公开，也很随意。一开始，斯必尔就提到了问题的关键。他和艾利希都将美泰目前的经济困难归罪于露丝，说她根本不知道自己的行为会带来什么样的经济后果，并且指责她对于美泰的子公司监管不严。

斯必尔表示希望能让露丝辞去总裁职务，同时说明自己与露丝的关系很紧张，不便出面；虽然艾略特与自己的关系稍好些，但不能指望艾略特去劝说露丝，原因是艾略特对自己作为丈夫的角色比对作为董事会主席的角色更上心，因此他提议由在座的银行家出面给露丝施压。

对于这样的建议，宾汉姆和其他人都表示同意，因为，为了能将投资追回，他们什么事都愿意做。至于斯必尔想接管公司的打算，他们却不感兴趣。即便如此，重新考虑公司的管理层人选问题确实迫在眉睫，同时考虑到如果露丝夫妇仍作为主要股东，没人愿意加入目前的董事会，他们建议另外成立董事会。会后，斯必尔开始到处寻找机会将露丝拉下台。不出几个星期，他的机会来了。

1973年2月，露丝夫妇一起去参加玩具博览会。他们一方面留意着新款玩具的生产，一方面积极联系客户。就在这时，斯必尔打来电话说自己将马上从洛杉矶出发，第二天一早与他们在酒店见面。这次见面后，夫妇俩从阿尔特、罗恩·洛普——露丝的外甥和雷·费里斯口里得知美泰遇到了大麻烦。

就在前不久，也就是1973年2月5日，艾略特刚刚对外宣布公司当年有望盈利，美泰此次将"峰回路转"；虽然Optigan影响了公司收益，公司年报会证明美泰"将再次创下令人满意的收益"。然而，露丝从斯必尔那里得知与艾略特的预测完全相反，公司下一个季度将面临严重亏损，他们必须马上向媒体发布新的公告。当年2月23日，美泰重新对外宣布："与此前的预测不同，预计到1973年2月3日，公司将出现重大亏损。"事实上，美泰当年的亏损可谓"严重"，金额总计达3200万美元！

公司报表出问题已不是一两天的事情了，露丝还清楚地记得当一切都大白于天下时的情景。她说："我感觉天都塌了，那简直就是一场噩梦，但那才不过是噩梦的开始，可怕的事还在后面。我们一下子不知所措，但又不清楚问题有多严重。其实，就在我们宣布亏损时，我们也还未考虑所有的呆账问题。遗憾的是，我们是事后很久才意识到这一点的。"

在追究问题的责任时，露丝又故伎重演，指责财务部和公关部的报告有误。她称数据是财务部提供的，而公告是公关部撰写的，艾略特只是最后签字而已。她说自己不懂财务，但作为总裁，也只能怪罪财务部门。据她后来说，实际上从她手术后开始，她就对公司撒手不管了。但对于这种说辞，鲜有人相信。毕竟，她手下的干将都是她一手提拔的，不称职的很快被淘汰，公司的一切都在她的掌控之中。

没想到，公司虚报销售状况和收入的消息迅速扩散开来，美泰驻美利坚银行的代表通知露丝他们，根据债主们的意见，必须让斯必尔出任总裁。腹背受敌的露丝不得不四处寻找盟友，她将乔什·德汉叫到自己的办公室，向他求助。德汉是斯必尔的一个手下，一向是个和事佬，也从不过问政治。他告诉露丝，鉴于问题的严重性，他也无能为力。

露丝又去找那些银行家，想从他们那里打开突破口。她告诉他们斯必尔既不懂营销，也不懂得玩具生产，让他当总裁将铸成大错。无奈，银行家们似乎已拿定了主意，他们甚至以停止对美泰的信贷为要挟。终于，1973年3月27日，斯必尔被任命为美泰总裁，露丝和艾略特一样成了董事会主席。3日后，《财富》杂志将露丝与《华盛顿邮报》的凯瑟琳·格雷厄姆和比奇航空公司的奥利芙·安·比奇列为美国收入最高的女性经理人。然而，与其他经理人不同的是，露丝现在这个职务基本上是有名无实。她还一度公开声称这一切早有预谋。

美泰的大权完全掌握在了阿尔特·斯必尔和其他几名经理手里。露丝照旧每日去上班，却呆坐在办公室里无事可做。她知道大伙都在回避她，有时甚至是公开躲避，这让她很难过。有一次，她走过经理们的办公室，朝着杰伊·琼斯的办公室方向走去。当时正赶上琼斯从办公室里往外走，看见露丝后，他马上转身又回了办公室，并将办公室门紧闭。从他脸上惊慌的神情可以看出，他是在有意回避露丝。

此外，露丝还碰到了一件更令她感到尴尬的事。一次，她收到了一份营销计划，仔细阅读后，她发现里面还存在着问题，于是她就通知雷伊·瓦格纳到自己的办公室，想和他就计划详细谈谈，但却是左等不来、右等还不来。到最后，双方虽然见了面，但交谈中，露丝发现瓦格纳老是在啃指甲。她知道瓦格纳这是紧张所致，他过去也常会这样。露丝还发现，瓦格纳在椅子上老是挪来挪去，就是不能稳当地坐着。话才说到一半，他就以另有安排为由起身告辞，还没等露丝反应过来，就匆匆离去。露丝回忆说："那件事让我难过，他平时不是这样的人。"多年后再提起此事时，露丝还说："我仍感到很心痛。"

第五节　失去权力后的露丝

患难困苦，是磨炼人格之最高学校。

——梁启超

　　斯必尔上任后立即对美泰这个庞然大物进行了快速整顿，到6月他叫停了125种可有可无的玩具生产，又启动了一款名为了不起的吉姆的新玩具生产计划。

　　了不起的吉姆是个动作明星，长着一身发达的肌肉，但却不是以传统士兵的形象出现，他一上市就立刻迎来了好评如潮。芭比橘红色和蓝绿色的娃娃家具也被市场看好，迅速销售一空。原来在欧洲市场上出售的芭比因没有考虑欧洲人不同的审美观念而遭冷遇，此类的决策失误也逐步被纠正过来。

一次，在接受《华尔街日报》采访时，斯必尔说道："前任管理者只图发展快，却没有对资本结构予以足够重视。我们要做的则是求稳，要稳中取胜，通过对公司财务采取更加严格的监管，确保利润真实有效。"他那是在给股东们吃宽心丸，告诉他们公司的一切已逐步步入正轨。

股东们却没那么容易买他的账。两年亏损6200万美元的美泰，其股价已是一落千丈，失去了往日的上升动力。仅仅18个月前，美泰股价还高达每股52.25美元，现在却只有5美元，现在的美泰似乎已是病入膏肓。《华尔街日报》还刊登了一则当时在金融业内流行的笑话："你听说过美泰新的语音玩具吗？你给它上足了劲儿，指望它的销售额和利润都翻一番，结果倒好，它给你来了个大前趴子。"

美泰又接到了5个股东集体诉讼，其中包括玲玲兄弟马戏团和罗伊·霍夫海因兹的联合指控。指控中说，美泰在收购马戏团时存在虚报收益、隐瞒亏损及在委托书中提供虚假财务信息等行为。这一系列诉讼案引起了美国证券交易委员会（以下简称SEC）的注意，SEC也加紧了对美泰前一年财务造假行为的调查。

对露丝来说，每天到办公室上班只不过是做做样子罢了。各级管理人员都在躲着她，开会的时候虽然没人把她请出去，但对于她的发言，也没人当回事。连她以往的忠实朋友、部门总管雷伊·瓦格纳也对她敬而远之。她讨厌这种感觉，一种被人遗弃的感觉。她觉得自己就像是个麻风病人，不再受到别人的尊重，这样的感觉，是露丝此前30年间都不曾有过的感受。

那段日子，露丝感到卑微，感到耻辱。于是，她去找自己的律师，告诉他们自己不愿再在美泰待下去，说自己想走，但律师却坚持让她留下。在他们看来，如果露丝离开美泰，她的法律地位会因此受到影响。他们没有考虑到这样做对露丝的心理造成的影响：在美泰待得越久，她就越觉得孤立、越难堪。

　　1973年1月，时任美国总统的理查德·尼克松下令成立"妇女经济地位顾问委员会"，并且提名由露丝出任委员会第一批16个成员之一。露丝除了参加委员会的会议外，还开始公开发表演讲，她谈论的都是她再熟悉不过的东西，一切始于对消费需求的了解，止于用以满足该需求的产品。

　　露丝相信，斯必尔是乘人之危才掌握了公司大权的，他和政府、银行界都有联系。她说自己甚至发现了有关文件，说明斯必尔觉得只要能赶走自己，艾略特就会跟着离开。8月，美泰承认了曾公布虚假和有误导性的财务报告，联邦法院要求任命无关联董事，并成立新的委员会对此事进行深入调查。法院给了这些董事和委员会几年的时间，但时间过了还不到1个月，美泰就又经历了另一次打击。美泰当时宣布：关于可能存在的财务违规问题已经查清。尽管如此，新任命的委员会还是立即着手调查工作。

　　艾略特在他的绘画中找到了慰藉。他在自家公寓附近建立了一个工作室，周末还到马利布海滩去写生；而露丝则是满怀怨恨和愤怒，不知道如何发泄。她讨厌与律师没完没了地见面，同时又怀念工作时的感觉。她后来对记者说："要是别人遇到了那种情况，他们可能去看精神病医生，可能开枪自杀，

还可能躲到一个没有人烟的荒岛上。这几种做法，我都或多或少地试过。"

她经常开着自己红色的劳斯莱斯去洛杉矶郊区的"赌城"加迪纳市，据说她在赌桌上不管输赢都会破口大骂。在离开美泰后不久，有一次，夫妻俩一起开车去拉斯维加斯。在玩双骰子游戏的时候，露丝输了钱，艾略特叫她不要再玩了，就自行取车去了。等他回来的时候，露丝已经将输掉的5万美元又全都赢了回来。她解释说："你又能怎么样？无非就是哭，生病，感觉难受。"

她还试着到南加州大学和加州大学洛杉矶分校去教书。但只工作，没有酬劳的日子让她难以忍受。那些大学连一个子儿都不给她，这让她觉得自己在他们眼里根本就什么都不是。她开始每天以赌为乐，想着也许有一天自己可能成为一个职业赌徒。与此同时，她和艾略特接到美泰的通知，说是要让他们拿出200万的美泰股份，用于摆平针对他们的指控。回忆起那些日子，露丝说："有些时候，我都想干脆把自己了结算了。"

多年后，霍夫斯特德勒在说起露丝时还多少带有一些同情，称她为"一个顽强的女人"，但露丝对霍夫斯特德勒却没有一句好听的话，她觉得霍夫斯特德勒打心眼里不相信自己说的话。当霍夫斯特德勒指责她在说谎时，她感到自己受到了莫大的羞辱，而且她断定霍夫斯特德勒和她在Gibson，Dunn & Crutcher律师事务所的律师弗朗西斯·怀特有私交。

怀特曾为SEC工作过，因此才被介绍给了露丝夫妇。他是洛杉矶最有名望的律师之一，在自己的律师事务所里也是第一把手。据露丝听说，他曾和霍夫斯特德勒一起去爬过山。她说："我觉得，怀特也不认为我在那些指控面前是无辜的，他的好友霍夫斯特德勒已经把这一切都算准了。你看，连我的律师都不相信我是无辜的。"随着她面临的法律问题越来越多，露丝也逐渐看清了自己周围的阴谋。

就在霍夫斯特德勒公布调查结果之前的一个月，露丝、艾略特双双辞去了美泰董事会的职务，从而断绝了与美泰的一切联系。他们宣布将手中的250万份美泰股份拿出来用于摆平股东的指控，这相当于他们持有的美泰股份的一半，但最后美泰为这些民事指控实际支付的费用达3400万美元。

这时的露丝仍希望有朝一日能重掌美泰的大权；至少，不能让其稳当地握在曾阴谋对付自己的阿尔特·斯必尔的手中。后来，露丝发现拿回美泰已无可能，这种割舍令她非常难过。她在经历着自己人生中的最低点，此时的露丝心力交瘁，离开美泰时，她感到自己都崩溃了，无法相信所发生的一切。

1975年，露丝黯然辞职，跌入人生的又一次低谷。离开了曾经盛开自己梦想的和艾略特一起打拼的创业家园。艾略特更难过，与自己朝夕相处多年的孩子就这样被人粗暴地夺走了。艾略特比露丝好过些，对于相对平静的生活他更容易接受，露丝则还要苦苦挣扎，慢慢找到能够让她解脱的办法。同时，对于露丝来说，她漫长而痛苦的煎熬也没结束，等待她的将是更加可怕的深渊。

后来，露丝被告上法庭，并被判处几年牢狱，后被监外执行。

第六节　制造人造乳房

最困难之时，就是离成功不远之日。

——拿破仑

1970年，长期超负荷工作的露丝因为乳腺癌，无奈接受切除手术。同一时间，美泰上任的新决策人开始将产品多元化，变了重心，玩具在公司的战略中不再举足轻重，这一变化成为最终导致露丝、艾略特被迫告别美泰的主因。

露丝不仅被驱赶出公司，还遭遇人生的另一个悲剧，切除自己的乳房，这对于一个女人来说，是一件非常痛苦的事情。

刚刚进行完乳房切除手术后，露丝经常是以泪洗面。然而在之后的一次鸡尾酒会上，她却当着一个陌生人的面大谈特谈自己的癌症和乳房切除术。那时的她已选择不再哭泣，对周围世界的敌对情绪也渐渐消散。同时，她也在想办法帮助其他像自己一样的女性从厄运中走出，让她们能够有机会公开表达自己的感受、需求，还有困惑。她最终选择了以自己最擅长的方式给那些在病痛中的女性带去安慰，那就是设计一种产品，并将其送到那些女性手中。

1970年，在经过贝弗利山百货商店那次尴尬的经历后，露丝又去了其他几家百货公司。她说："我将自己见到的所有

174

人造乳房统统买下来，但却发现它们几乎是如出一辙，同样的丑陋，同样的无形状可言；见到它们，哪里还谈得上尊严。尤其是向一个没经过特殊培训、对你的情况丝毫不了解的人买东西，那简直就是一种折磨。我开始发现，戴人造乳房比手术本身还令人难过。"

这时，她听人说起，在圣塔莫尼卡有一个名叫佩顿·马斯的世界著名雕刻家，专门为人们定做假鼻子、假手、假腿，还有假乳房。她找到了马斯，希望他能设计适合自己的假乳房。

马斯先是用湿的在石膏水中浸泡过的纱布将露丝的乳房包裹起来，借石膏来定型，然后根据风干的石膏形状为她设计形状和大小合适的假乳房。与当时戴着的看似鸡蛋的东西相比，新的乳房戴起来果然更舒服，而且也更好看。

露丝当即以每个350美元的价格买了2个。新的人造乳房很有形，跟露丝的胸部贴合也好。但问题是，所用材料会散发一种奇怪的气味，而且在脱掉衬衫时，假乳房的边缘能透过乳罩看出来。

就在1975年离开美泰之前，露丝开始了一项野心勃勃的减肥计划，想借此摆脱低落情绪。经过减肥，她的乳房变小了许多。这时，她又去找了马斯，希望对方能按照自己的要求重新设计一个人造乳房。新的人造乳房需要更加舒适，看起来也更自然。露丝已经意识到，针对市场上出售的人造乳房，她可以为女性同胞设计一种更适合她们的乳房。

在离开美泰不久后的一天，露丝驾车去加迪纳赌博。途中，车子突然自己改变方向，将她带回到了马斯那儿。下了车，她朝屋内走去，边走还边琢磨着待会儿见了马斯该说些什么。可到了马斯面前，她突然脱口而出："佩顿，我要进入人造乳房行业。"然后，她向马斯介绍了自己的打算。她告诉他，自己想要生产定做人造乳房，直接通过柜台进行销售，顾客可根据自己乳房的大小选择合适的商品。

露丝需要了解乳房都有哪些规格，他们可以按这些规格进行生产和销售。这样，顾客在购买时就可以随便试戴，选择最适合自己的一款。她还想要左侧乳房与右侧乳房分开，就像马斯给自己定做的那样，但必须能够批量生产。听了露丝的话，马斯立刻给她泼了盆冷水，说她的想法不现实。尽管如此，露丝并没有灰心。她最后还是说服了马斯帮助自己，她让马斯只负责塑形，生产的事情则由自己负责。

露丝一下子又找到了新的出路。她一边疲于应付美泰的种种诉讼，同时还面临着刑事指控的威胁，一边又满怀激情地开始了对她来说全新的尝试。她将自己的一生都用在了产品的设计与营销上，她经常告诉人们：在商场上，千万不能随波逐流，而要善于发现需求并根据需求锁定目标客户，要知道自己为何进入某一领域，等等。她说："每一种产品的出现都有其原因。"她还说自己准备将下半生都用在人造乳房的生产上。

有着深爱着自己的丈夫和一个和睦的家庭，此时的露丝并无太多的后顾之忧。她只是希望"能用退休后的日子再做些对他人有益的事情，尤其是作为一个经历过乳房切除的曾经的乳腺癌患者"。同时，她也需要让自己一贯的创业精神能有用武之地。不仅如此，据一向视她为良师益友的汤姆·卡林斯

176

克说："在把握潮流方面，没有人能跟她相比。但同时，她也需要向人们证明：她不是个坏人。"

第七节　人造乳房的"真我风采"

> 走在路上碰到石头的时候，弱者说那是一块绊脚石，强者说那是一块垫脚石。
>
> ——托马斯·卡莱尔

露丝是打不败的，因为她是露丝！

1976年，露丝的一家新公司诞生了，露丝再次站起来了，因为她是露丝！

这一次，她转变了生产方向，人造乳房成为她青睐的对象，命名为"真我风采"。她有了一个新的梦想：要让人造乳房和真实的一样，让每一个曾经遭受病痛折磨的女人从此能骄傲地走在大街上，让她们敢于挺起自己的胸脯，让她们敢于大声地说：我是完整的女人！

"芭比"的命运神奇地转移到了"真我风采"的身上，起初的冷遇也是让这个特立独行的产品陷入孤独，因为那时，乳房病症仍是难以启齿的话题。露丝受到了重重压力，就像当年一样，但这一次，成熟的露丝经历命运的变幻，已经参透了人生，参透了人性，面对非议，她淡然一笑，目光坚定的她看一

看蔚蓝的天空，她决定用自己的新生，再一次为这个世界的女人们献上最珍贵的礼物。

1977年，露丝发明了人造乳房"真我风采"，并对其进行了广泛推广。她知道奇怪的形体带来的是紧张的笑声、震惊及尴尬的注视。她先是找到了以经营奢侈品为主的高端百货商店内曼·马库斯，然后是纽约著名百货公司博威特和女性奢侈品生产企业爱玛格耐。产品展示时，她坚持所有的人都来参加，包括公司总裁、经理、销售人员，甚至是理货员、电工和库房工人。毕竟，人人都有母亲、姐妹，抑或是妻子。

展示开始时，她先是向众人介绍自己接受乳房切除手术的经过。她的语言朴实无华，浅显易懂，她要借此揭开人造乳房的神秘面纱，让人们不再对它感到恐怖。更重要的是，她要让与自己一样的乳腺癌患者重新获得人们的尊重。

接着，她又讲了自己手术后第一次去买人造乳房的经历。她说，她之所以能这么做，完全是由于丈夫艾略特的再三坚持。否则，她也没这个勇气。艾略特告诉她：她总得要面对自己身体上的变化。

那一天，她和艾略特一起开着劳斯莱斯到贝弗利山百货商店。当她向店员问起是否有人造乳房出售时，就见几个售货员聚在一起，嘀嘀咕咕，说话间还不时向她瞥上两眼。露丝心里想：她们很可能是谁都不愿意接待她这么一个"怪物"顾客，只好抽签。最后，一个"倒霉蛋"悻悻地走过来，将她领到试衣间，并且替她把帘子挡好。过了片刻，"倒霉蛋"隔着帘子将一个带有兜兜的乳罩搭在了帘子架上。

很显然，她是不想看见露丝脱衣服的样子。接着，她又递过来两个圆咕噜的东西，看来是用来填充那两个兜兜的。露丝从没用过这种东西，费了一番周折后，才把它们塞进乳罩里去。左试右试，只有5号大小的假乳房勉强凑合。于是她就买了2个，准备一个在家里用，一个拿到海滩别墅去。之后，她就心里很不是滋味地离开了那家店。从那往后，她解释说，自己不再穿服装设计师设计的合身衣服。所有的都是肥肥大大的，色彩也很暗，目的就是要遮住难看的胸部。

讲完这段尴尬的经历后，露丝会突然将腰板一挺，让众人看到她胸前明显的完美曲线和色彩艳丽的上衣，然后对大家说："我叫它'真我风采'，原因是它毕竟不是我原来的，但在目前的情况下，它却最能体现我的本来面貌。"之后，她会让售货员猜她的哪一个乳房是假的。有时，她还会邀请一位男士到面前，把他的手放在自己的乳房上，让他随便挤压，然后让大伙猜哪个乳房用的是假体。

看到此情此景，底下的观众有窃窃私笑的，有因害臊而满面通红的。但露丝达到了自己预期的效果，因为他们通常会猜错。到了产品展示的最后，她干脆将上衣扣解开，露出整个的乳罩，让大伙亲眼目睹"真我风采"乱真的效果。待到重将衣服扣好，她又将手伸向衣内，将人造乳房整个地抽出来，递给大家传看。

这一次，露丝不仅带来了一个产品的革新，更是开拓了这一产品新的营销方式。她带着不屑的口吻向众人解释说：过去的人造乳房都是男人设计的。他们没有意识到乳房是分左右

的，就像双脚一样。他们甚至因为自己的产品感到尴尬，称它们为"衬垫"或"模型"。而她则坚持要称自己的产品为"乳房"，还将前来求助的人称为"乳房切除者"。她说："就像截肢患者一样，我们觉得我们也被截了'肢'。"她要帮助"乳房切除者"逐渐摆脱乳房切除带来的羞辱感。1980年对露丝公司是个标志，人造乳房的利润超越了百万美元大关。

1991年，这个特立独行而又不失爱心的女士向全世界宣布，虽然自己的公司越做越好，但她要告别公司而从事演讲工作，她准备大声告诉全世界的女人：要爱自己，要重视乳腺检查，才能及早发现乳腺癌和其他乳腺疾病。露丝用自己的灵魂，在这个世界再次起舞，这次的舞蹈才更接近她来到人间的神圣使命，她的爱、她的光、她的情，全部寄托在天下女人的身上，那么感人，那么深邃，那么让人情不自禁地去歌颂……

"人造乳房重建我的自尊，我也希望我能够重建其他人的自尊。"露丝在回忆录中的这句朴实的话语，道出了她全部的理想、信念和追求，这一切，就像一道横亘在天边的彩虹，上连着天堂，下连着人间，光彩夺目，温暖人心，熠熠生辉！